Aprendizaje que transforma.

A través de la superación de desafíos.

Donal Rafael Molina Blandón

Aprendizaje que transforma. "a través de la superación de desafíos."

Es una obra original publicada en español

Autor: Donal Rafael Molina Blandón

Colaborador: Donier Oniel Molina Seam.

ISBN:979 834 0688125

Impresión y encuadernación versión en tapa blanda: por Amazon.kdp

impreso en USA

Distribución versión en tapa blanda (físico) y en versión digital por AMAZON.COM.

1ra Edición octubre 2024.

Está prohibido su reproducción total o parcial de esta obra ya sea electrónica o mecánica o en cualquier otro medio sin autorización del autor.

Aprendizaje que transforma. "*a través de la superación de desafíos.*"

Dedicatoria

A mi madre Bernarda, a la memoria de mi padre Juan, mi hijo Donier Oniel, y su madre Ernestina Sáenz a mis hermanos y amigos que en todo momento han sido el impulso y motivación para llegar a esta meta.

Por ellos y para ellos es todo mi esfuerzo y trabajo.

Donal Rafael Molina Blandón.

Agradecimientos

A Dios por haberme puesto en el camino a personas que me han colaborado de forma incondicional.

A los colegas docentes y estudiantes que lograron contar sus experiencias para fortalecer esta obra.

A la familia por sus motivaciones, y por transmitirme ese deseo de superación académica y personal.

Contenido

Prefacio 5

Sección I INICIATIVA EDUCATIVA. 8

    Empezando con iniciativa. 8

    ¿qué aprender?. 9

    ¿Para qué aprender?. 13

    Enriquece la mente 16

    Mejora el bienestar emocional. 16

Sección II EL APRENDIZAJE TRANSFORMA. 18

    Desde el vientre. 18

    El aprendizaje y su analogía 40

    El aprendizaje transforma la economía. 44

    Disponibilidad de los aprendizajes. 51

    Lo más sublime de las nociones. 58

Sección III EL MEDIO SIEMPRE TIENE ALGO QUE ENSEÑAR. 61

    Desarrollo del aprendizaje en el entorno. 61

    Entorno docente. 68

    El niño siempre aprende. 72

    El encanto alternativo de los conocimientos. 78

    Conciencia y sensibilidad. 84

    Los aprendizajes moldeables de acuerdo a los escenarios. 90

Sección IV APRENDIZAJE INTERCULTURAL. 93

Desde nuestros orígenes. 93
La integración equitativa en las diversas culturas. 100
Sección. V   LA VIDA UN REGALO DE DIOS. 102
1.   ¿Qué es la vida? 102
2.   La vida un regalo de Dios. 112
3.   Historietas de vida. 115
La caída   que siempre recuerdo. 119
Sección VI REVOLUCIÓN DIGITAL 123
Sin matar la creatividad. 123
La sociedad siempre busca al nuevo. 130
De la meditación al aprendizaje. 134
Actitud abierta para aprender y compartir. 140
Aprendizaje multiplicador. 143
Sección VII RETOS Y DESAFIOS EN LA EDUCACIÓN.
.... 147
Retos. 147
La calidad educativa un sueño valioso. 149
Inclusividad. 150
Igualdad educativa. 151
Formación docente 153
Brecha digital 155
Fomentar la creatividad y el emprendedurismo. 156
Educación financiera constante. 160
Educación emocional. 162

4

Aprendizaje que transforma. "*a través de la superación de desafíos.*"

Educación vocacional en la familia escuela y sociedad. 165

Brecha del segundo idioma. 168

Prefacio

Esta obra se pública para compartir el más profundo deseo de aportar a la sociedad con las ideas expresadas en este libro relacionada a los retos que conlleva los aprendizajes y su implementación holística en el ser y en el saber hacer considerando que los seres humanos enfrentamos diferentes obstáculos en los diferentes capítulos de la vida.

Los aprendizajes tienen gran nivel de importancia en todas las disciplinas y profesiones, pero toma mayor trascendencia cuando se convierte en un aprendizaje multiplicador es decir se comparte con los demás miembros de la sociedad, es ahí donde el aprendizaje retoma vida.

Hay elementos que no se pueden escatimar en los procesos vinculados a la educación estos suelen ser la educación financiera, social y ambiental fomentando la autosostenibilidad económica, la creatividad, el emprendimiento, los talentos, las actitudes, la vocación y las motivaciones.

Algunos retos que se han considerado en este libro son las nuevas tendencias tecnológicas, la calidad educativa, la inclusividad, la igualdad, la formación docente, fomentar la creatividad, la educación emocional, en la familia escuela y comunidad.

Aprendizaje que transforma. "*a través de la superación de desafíos.*"

Todos los retos señalados están encaminados al aprendizaje transformador y multiplicador que se considera muy complejo en todos los escenarios educacionales, cada uno de los seres humanos hemos enfrentados diversos retos que nos han desafiado, pero al superarlos nos han llenado de satisfacción.

Sección I INICIATIVA EDUCATIVA.
Empezando con iniciativa.

Era un día soleado y esplendoroso cuando me encaminaba a un desafío al campo de labor educativo merodeando los lápices y borradores, entre cuadernos e instrumentos de trabajo con ímpetu, para emprender una nueva experiencia desde inicio cuando era todo sencillo comenzó todo el proceso, lleno de gratos sentimientos en reuniones y eventos coloquiales muy ameno, cada día entre niños y padres de familia en una zona rural entre tizas y pizarrón verde simple, con madera rústica.

Iniciando el contacto de buenas relaciones con padres de familia, madres y niños que empezaban con emociones sus primeras letras con vestuario sencillo, pero con grandes deseos de superación no importado la distancia que caminaban desde su casa a la escuelita sencilla de techo de hojas y forros de bambú, pero como todo un templo de la enseñanza en donde los saberes era la esperanza de muchos niños, los padres y tutores depositaron la confianza para compartir con los entusiasmados niños.

Reunidos los padres nos dieron las cordiales bienvenidas al otro colega y a mi persona, refresco y agua cristalina del campo fueron los mejores aliados, después del cansancio apoteósico del recorrido desde cabecera del municipio a la comunidad en donde el transporte era rústico y muy humilde pero lo importante era llegar.

Se hablaron de temas importantes relacionado a la apertura de un año lectivo, presentaciones de padres, docentes y estudiantes lleno de fervor de mes de marzo con energía de un sol ardiente, en época que los comunitarios recolectaban frijoles en sus cultivos muy armoniosamente, para llevar el sustento de su honorable familia.

¿qué aprender?

¿qué aprender? Era la pregunta que se hacía un niño llamado Pedro José que apenas asistía por primera vez a la escuela con grandes iniciativas de aprender, con humildad y timidez se desplazaba cada día muy temprano hacia la escuela sencilla de zona rural, con ganas de iniciar un proceso en busca de conocimientos y valores aprendidos en la familia y compartidos en la escuela, lo cual era lo más importante de la vida el deseaba aprender algo que le sirviera por siempre y salir adelante en el desarrollo como persona la ansiedad de ingresar al mundo de los letrados le entusiasmaba cada día.

Los juegos escolares que lo divertían en los recesos le motivaban cada día e iban formando al niño que surgía como un ser cada vez más creativo; lleno de amigos y compañeros que hacían cada día divertido hasta llegar al afán que cuando llegaba los fines de

Aprendizaje que transforma. " a través de la superación de desafíos. "

semana le hacía falta ir a la escuela esto se iba transformado en una costumbre las lecciones le llamaban la atención y la curiosidad estaba cada vez en su ser; las-matemáticas se estaban convirtiendo como algo básico de sacar cuentas en la familia y realizar cálculos quizás muy complejos.

En casa y en escuela en los tiempos libres los juegos que le divertían eran el trompo, jugar con canicas o chibolas, como se solía nombrar cuando se podía se jugaba beisbol y futbol este niño tenía sus amiguitos con los cuales compartía cuando compraba golosinas o fresco en la pulpería cercana a la escuela, la amistad en la infancia es como un tesoro que perdura, recuerdo que después de cada examen se reunía un grupo de forma coloquial a realizar los comentarios donde fallaron o acertaron en las respuestas que resolvieron.

Cuando se aprende algo que nos gusta las personas mejoramos y aumentamos la autoestima por el nivel de aprendizaje adquirido, cualquiera que sea, en los diversos esquemas que nos encontramos en constante transformación para hacer mejor las actividades u oficio que desempeñamos con ímpetu cuando el niño se convierte en joven, ya comienza a aportar económicamente a su familia sin olvidar la continuidad de sus estudios, porque el estudio y los proceso educativos transformadores hacen que toda sociedad pueda avanzar por siempre, pero no indica que se desenfoque de sus sueños y visiones, el sistema ha creado diversos programas y ha facilitado metodologías para que nadie se quede sin estudiar en educación inicial, primaria, secundaria y universitaria.

La solidaridad era otro valor que acompañaba al grupo siempre había un apoyo mutuo cuando alguien necesitaba por ejemplo le faltaba un lápiz o un cuadernito los compañeros aportaban, aunque sea con paginas para que copiara la clase los valores también se aprenden y aplican en la escuela ¿qué aprender? Sigue siendo una pregunta con respuestas inconclusas, pero que la respuesta está vinculada al ¿que quiero ser? y ¿para que aprender? Pedro José quería ser un gran periodista o un gran locutor de radio mientras que sus amigos pensaban ser políticos, policías, ingenieros, arquitectos, abogados médicos, o albañiles tantos sueños en unos niños llenos de sencilles, pero sobre todo tranquilidad.

Ciertos estudiantes aprendieron más a jugar que a estudiar pero se divertían en la familia la visión y orientación debe ser clara para los niños y niñas llegando motivados de sus actividades escolares y extraescolares en cada aprendizajes sea el apropiado y evidenciado en las evaluaciones que realizan los docente en cada una de las disciplinas en el caso de Pedro José se destacaba más en las matemáticas y las ciencias, otros estudiantes se destacaban en historia o en cívica moral como se denominaba en ese entonces, algunos eran muy buenos en español y en general cada quien hacía su sacrificio con su propia inspiración.

En todas las y efemérides se realizaban actividades para celebrar alegremente en la escuelita del barrio y los niños de una y otra manera participaban y se respiraba un patriotismo con identidad nacional y los que podían declamar poesía, coplas o versos lo hacían mientras los que les gustaba actuar participaban en dramas según el tipo de efemérides, otros participaban en bailes de diferente índole, los que tenían la habilidad de hacer oratoria lograban realizar exposiciones o intervenciones según la temática.

Todos tenían un espacio de participación según su talento o en el cual les gustaba desenvolverse o participar otros eran un poco tímido para intervenir en esos eventos, pero eso no indicaba que no tenían sus talentos. ¡Que infancia más feliz esa! en donde el juego y el estudio esto se mezclaban para sacar algo productivo en los aprendizajes para seguir adelante cada día, cada experiencia adquirida, iban formando al niño joven y profesional para emprender. según la oportunidad que le brinde el destino porque todos los seres humanos tenemos oportunidades de diferentes formas, la situación es que no todos las logramos aprovechar.

Aprendizaje que transforma. "a través de la superación de desafíos."

El compromiso social de cada generación es dejar un legado y un recuerdo según sea el aporte de diversas maneras lo más viable es aprender lo que nos va a transformar para la vida empezando con los valores morales y espirituales posterior a eso los componentes cognitivos de acuerdo a gusto.

Las decisiones de estudio que el joven halla emprendido nada es fácil en esta vida, todo aprendizaje tiene un costo o sacrificio en donde hay que dedicar tiempo y mucho sobre todo desvelo, admiración, perseverancia y disciplina para persistir cada día, todas las metas y situaciones que cada niño ha visionado en su futuro y esto solo se puede alcanzar con la sintonía de todos esos elementos señalados anteriormente, pero hay algo que debemos tener es la actitud y mentalidad positiva de superar y obtener cada meta.

¿Para qué aprender?

El niño al iniciar sus estudios de primaria descubre su interés en los aprendizajes de acuerdo a los procesos motivacionales desde la familia la escuela y la sociedad motivado por la dinámica en cada uno de los ámbitos y por los deseos de superación personal y familiar y como aportar a la sociedad con las actividades que desarrolla, siempre lo conmueve aquellos aprendizajes que facilitaran las actividades escolares y como llevar este conocimiento a los miembros de la familia para fortalecerlos con todas

13

las opiniones y consejos oportuno que tengan nuestros familiares desde los años mozos en donde carecemos de ideas y la educación familiar es vital.

La respuesta sobre ¿por qué aprender? Facilita la formación académica básica media universitaria y desempeño profesional el niño que les mencioné al que llamaba pedro consideró que aprender nos ayuda a centrar la atención plena en algo al que llamó propósito yo le denomino meta especialmente cuando hay un aprendizaje nuevo, no se debe perder el enfoque seguir adelante con las proyecciones realizadas desde que se es un niño con visiones futuras que sueña con alcanzar el infinito y lo hace con pensamientos positivos sin desmoralizarse por los regaños o ideas distintas a las que cada uno tiene.

Todos los elemento sociales y económicos requiere de un aprendizaje con habilidades y destrezas para nunca tirar la toalla en ningún momento aceptar ser descartado considero que más de una vez a cada uno nos han descartado o rechazado, pero continuamos luchando hasta sentirnos satisfechos nosotros mismo, ¿qué podemos esperar de cada intento para superar los obstáculos? es claro que lo que esperamos es superarlo, aunque es algo que es complejo y muy difícil, porque está compuesta de estrategias y procesos que llevamos a cabo cotidianamente.

Tener una idea clara en todas las acciones actividades o trabajos que podamos realizar profundiza nuestro enfoque para superar las dificultades y aprovechar las fortalezas como medio de soporte eso nos convierte en entes apropiados.

En el ajedrez de la vida y dejar de ser siempre peones en los movimientos deseables y llegar siempre a alcanzar los triunfos en cada proyección vinculadas en los progresos cognitivos que enriquecen cada día al ser en todo momento necesitamos de aprendizajes para resolver situaciones con sensates.

La capacidad de asimilación de cada ser está sometida a prueba constantemente y está motivado de acuerdo a los intereses creados desde la familia y comunidad por que la pregunta que se realiza cada joven es ¿En qué me voy a desempeñar en el futuro? ¿Cuál va hacer mi acción de progreso? Y ¿a quienes voy a beneficiar? Seré empleado, trabajador, colaborador o emprendedor que genere oficios para las demás personas lo improbable será probable de acuerdo a las condiciones que no creamos sin esperar que otro ser nos pueda crear las condiciones.

No siempre nos tocará recibir los reproches y elogios hay que saberlos digerir, los cambios son constantes hoy puedes estar en la lucha y mañana pueda ser que estes gozando de los sabores de la victoria de

Aprendizaje que transforma. *"a través de la superación de desafíos."*

distintas formas porque cada quien tiene su manera distinta de celebrar, lo difícil es la sostenibilidad de permanecer siempre en los triunfos descartando cualquier tipo de ego que puede afectarnos cuando estemos en la cima, la sencilles siempre será una aliada indispensable.

Enriquece la mente

La mente siempre hay que alimentar

el mayor activo en nuestro bienestar

en todo momento el cultivo mental

Con el pensamiento prominente.

La gratitud mental

nos hace descansar

superando los obstáculos

cotidianamente en el pasado

y el presente.

La mente debes entrenar

para alcanzar

Aprendizaje que transforma. "*a través de la superación de desafíos.*"

lo que quieres lograr

Para que aprender

es la pregunta melodiosa a seguir

Mejora el bienestar emocional.

Aprender nos ayuda a vivir

Y a seguir adelante

En todas las andanzas

Aprender es fascinante.

Pues siempre nos dará confianza

Sección II EL APRENDIZAJE TRANSFORMA.
Desde el vientre.

EL aprendizaje es un elemento de la vida en el ser en humano, se aprende desde que se está en el vientre de la mujer más valiosa que tenemos cada uno en donde se escuchan los enfoques de la vida de ese ser, cada día llenos de melodías cristalinas y tonalidades creativas como la música y cantos cautivadores escuchadas en diversos sonidos y lugares armoniosos bajo el cuido y dentro de un paraíso cristalino. ¿Se aprende a sobrevivir ahí? Ahí se logra captar los sonidos y caricias valiosas en el futuro vislúmbrate hasta ver la luz y nacer de la mujer más valerosa que cada uno de los seres tenemos que es nuestra madre.

Mujer

Sublime fue cuando yo nací,

era una fresca mañana

la primer grata mujer que vi

fue una joven de ternura humana.

Al verme me acaricio en sus brazos
con alegría me llenó de cariño
y al estar dormido en sus regazos
su amor es mi vida desde niño.

Hoy me siento contento y feliz,
la nostalgia penetra a mí ser,
cual si fuera un fragante cáliz.

De un sentimiento lleno de amor
Con aroma de mujer.

Nacemos y crecemos poco a poco, aprendemos cada segundo, vamos dejando huellas y teniendo experiencias desde esa niñez de inocencia del seno familiar con aprendizajes educativos con valores y principios siendo esta la primera escuela donde se sientan las bases de esa vida prometedora de cada ser, sin obviar que cada uno tenemos una razón de ser, dejar huellas cada día y transformar lo turbio en claridad con la sabiduría que nos ha dado Dios nuestro gran creador.

Los aprendizajes iniciales antes y después de nacer son cautivadores con cantos y vaivenes de amor, me hace recordar a mi mamá cuando era un pequeño, me trataba de lo mejor no hay como pagar ese sentimiento, tan genuino y autentico, sobre todo lleno de sinceridad armoniosa difícil de comparar, es decir, es único ese método de compartir aprendizajes que encamina a todo ser en su etapa inicial a dar los primeros pasos en esta etapa de la vida.

Cuando uno crece, extraña esa etapa valiosa de la vida que ha contribuido a ser un individuo de bien y aportar en esta sociedad con el ejemplo de los aprendizajes aplicados de esa infancia tan añorada, cuando se obtuvo el primer juguete o se aprendió a pronunciar y escribir la primera palabra en momentos distintos de la vida.

Los niños aprenden a través de experiencias familiares, consejos, con los amigos, compañeros de clase con el entorno social, o contexto de forma paulatina, la cultura, la conducta, los temperamento se van modificando hasta convertirse en fortalezas y construyen la vida a pesar de todo; los grandes aprendizajes viene desde casa, cada uno de los oficios relaciones, vivencias y oportunidades que unos las aprovechan más que otros pero todos las tenemos de forma distintiva y diferenciada, actualmente la modernidad nos absorbió.

La cultura del aprendizaje se va transformando paulatinamente de acuerdo a cada individuo y el entorno en donde se está desarrollando como las plantas se desarrollan de acuerdo a la fertilidad de la tierra donde fueron plantadas las semillas.

¿Cómo hacer para que este aprendizaje sea cautivador? Pregunta de gran peso social y educativo, me imagino que cada uno tiene una versión de acuerdo al contexto en donde se desempeña por ejemplo la versión escolar y universitaria es diferente al aprendizaje que se visualiza desde espiritualidad cristiana en las diversas iglesias, pero al final el objetivo contextual de los involucrados de ese aprendizaje es su aplicación una vez alcanzado y comprendido el primero a través del medio secular y segundo desde la cristiandad.

Que tu aprendizaje sea tan sincero

Como el amor de febrero.

Que despierta miradas y pasiones.

Que consolide fortalezas.

En un camino sinuoso

Valla despacio, pero con gozo.

Que metodologías

Se convierta en unas melodías.

El aprendizaje sistémico.

Sea enriquecedor y polémico.

En una sociedad llena de tendencias

Que surja el afán y las experiencias.

En todos los ámbitos de la vida el aprendizaje debe ser cautivador lleno de energía que irradie como el sol a la luna por las noches es decir dar luminosidad, focalizar, dirigir el camino de quienes están aprendiendo y tú eres el instrumento de ese aprendizaje, si estas en el seno familiar con los hijos e hijas ellos están propenso recibir aprendizajes cada momento de las personas mayores que le rodeen, es válido para todo contexto y cosmovisión de los pueblos en el campo, en la ciudad y en cualquier tipo de cultura es decir el aprendizaje es multicultural y no debe ser rechazado por ninguna clase social.

En la familia por muy humilde que esta sea se facilitan valores morales actitudes y aptitudes de forma liberada siendo esto de gran vitalidad para la formación de la sociedad actual y futura, pilares fuertes de un vislúmbrate día en esta sociedad lastimosamente hay escuela para formar docentes, pero no hay escuela para formar a padres y madres lo cual permite aprender de acuerdo a las costumbres y culturas que se van captando de generación en generación.

El ambiente donde naces y desarrollas juega un papel interesante, los modelos y estereotipos Visualizados en este hacen que el ser se forme y se transforme positivamente o negativamente, el talento de demostrar afecto, las motivaciones, los gozos, los pesares los aciertos, desaciertos, las situaciones económicas sociales y patrones culturales de nuestros ancestros con su forma muy original de transmitir aprendizajes desde el campo hasta la ciudad.

Todos los oficios y profesiones necesitan de un proceso constante de aprendizajes desde las relaciones familiares, entre colegas de labores, gremios, clubes, empresas, escuelas universidades, iglesias, cooperativas y asociaciones estos elementos tienen una relación en común dentro de la sociedad.

Es de vital relevancia, siempre buscar el desarrollo tanto económico como social considerando los ejes centrales de cada particularidad profesional y humana de todo individuo que quiere superarse social y económicamente.

Las relaciones familiares alimentan la espiritualidad amorosa de estima y autoestima inclaudicable formadores del bien y donde se profundiza el progreso cotidiano a través del trabajo laborioso de cada uno de los integrantes, que ayudan a los aprendizajes con el fin de mejorar las labores familiares, como mejorar cada uno de los quehaceres, como manejar los elementos tecnológicos de la familia.

La autocapacitación es vital a través de tutoriales; si un familiar se dedica a la construcción como mejora el uso de los equipos y herramientas, de acuerdo a los avances tecnológicos deforma actualizada, si otro miembro de la familia se dedica a la docencia como mejorar cada día en las labores y fortalecer los aprendizajes para compartir con los estudiantes esto está vinculado a las aptitudes y actitudes elocuente de acuerdo a los objetivos y metas planteadas la interrogante ¿estaré preparado para autocapacitarme? y fomentar el auto aprendizaje ¿tendremos desarrollada esta habilidad?, como desarrollarla y ¿qué valides tendrá en cada contexto?

Es viable reflexionar en cada uno de estos elementos indispensables, entre colegas de labores en todos los ámbitos existe un proceso para fortalecer las capacidades, habilidades y destrezas con el fin de mejorar el desempeño de cada individuo, a través de reuniones coloquiales, en donde se cuentan las experiencias y vivencias en sus labores, chistes para poner amena la tarde, intercambio de ideas y estrategias que hacen mejor la labor profesional y esto es vital en todas la profesiones en donde tenga una relación laboral, las buenas relaciones entre colegas crea unos vínculos solidos que fortalece cada día el rendimiento personal y grupal.

¿Qué aprenden los gremios? Los gremios aprenden muchas iniciativas estratégicas que los lleva a realizar planes operativos en donde se trazan metas que alcanzaran como colectivos y agremiados, como por ejemplo mejorar las labores, crear y exigir mejores condiciones de sus agremiados de acuerdo a cada profesión, no quedarse solo con las exigencia si no que mejorar y comprometerse más con el oficio, recuerdo cuando hacíamos presiones por las mejoras salariales de los docentes en donde se hacían paros de labores, marchas poco a poco se alcanzaban algunos beneficios, eso lo que se ha logrado, ahora bien que estoy aportando para compensar a esos beneficios esto indica que: No solo debemos de exigir si no exigirnos.

En clubes en donde se maneja el deporte y se divierte cada individuo de acuerdo a cada disciplina sea esta beisbol, futbol, karate, básquetbol, volibol, tenis, boxeo en este último el desempeño es individual, cada disciplina tiene su propia naturaleza y razón de ser y los niveles de exigencia y el buen desempeño de la sociedad o del fanático es valioso, ya que estos venden a través de la publicidad y el cumplimiento de las metas y sube la valoración de cada club.

¿Qué importante es el deporte en el aprendizaje?; recuerdo cuando era un pequeño jugaba beisbol con pelota elaborada de calcetín, posteriormente elevamos el nivel a pelota de hule extraíamos el hule del árbol del caucho encontrado en montaña cercana a la parcela familiar en forma de un líquido blanco se llenaba un envase elaborado de carrizo después de extraído el hule en forma líquida este se depositaba en una tabla y se dejaba ahí hasta que se secara, una vez seco se le hacían líneas para posterior envolver con este caucho una pelota de macen se le daban hasta diez vueltas con el caucho para que quedase resistente, elaborábamos los bates de madera resistente y sin guantes todo eso lo hacíamos para divertirnos en momentos libres nos reuníamos un grupos de pequeños se formaban dos equipos para jugar muy armoniosamente.

Ese deporte desde la infancia nos divirtió muy modestamente pero además nos dispertó la creatividad ancestral y el aprendizaje de elaborar ese tipo de pelotas en aquel entonces se carecía del os medios tecnológicos para tener buenos enseres deportivos.

Esto me hace aprender que la carencia de un bien despierta la creatividad de sustituirlo con otro a través de la innovación que nos hace crecer cada día como seres y sobre todo nos llena de satisfacción sentirnos realizado al ejecutar una acción o elaborar cierto recurso o producto.

Todas esas experiencias infantiles nos hacen crecer hacia un nuevo día de prosperidad.

Hoy es un nuevo día

Lleno de retos en el descalabro pasar del tiempo.

De tristezas como de alegrías

Pero en el horizonte veo un buen destino.

Para que en el paso nos asombren los trinos.

En estos tiempos cumbres

En donde no hay lirica

Y pocos escriben.

Solo o sola no te asombres

De cada uno de los hechos

Hasta que todos esos elementos estén desechos.

Triste, pero algunos sacan provechos.

Vive hoy.

Porque un día pensaste

Hacia el triunfo voy.

El aprendizaje en la empresa es el motor del cumplimiento de las metas proyectadas y gestionadas por los que dirigen cada empresa desde la parte gerencial debe de haber un aprendizaje bidireccional de forma reflexiva, como aprender las estrategias de ventas, la atención al cliente, las buenas relaciones con los socios y los proveedores.

¿Cómo hacer que los clientes o consumidores aprendan las bondades de un producto? A través de estrategias implementadas por los operarios de la empresa; capacitados e instruidos para focalizar y determinar las necesidades y deseos que el cliente quiere satisfacer con el producto que se está ofertando, en esto interviene la calidad el precio y la garantía del producto.

La atención al cliente es muy elocuente y espontánea, cuando el funcionario tiene las habilidades y destrezas se desarrolló una extraordinaria relación, hasta el punto que este se siente identificado con el establecimiento que representa este funcionario, ya que el cliente es la razón de ser de toda industria por es indispensable, se debe buscar que quede satisfecho por el producto que va consumir para su beneficio.

Las buenas relaciones alimentan las buenas intenciones y se convierten en resultados tangibles en el cumplimiento de los objetivos y metas. ¿Cómo alcanzar un objetivo y o una meta? Que difícil hablar de este tema porque para alcanzar un objetivo y metas debe de existir una mezcla entre todo el proceso operativo de la compañía fabricante distribuidor mayorista y cliente este último es la razón de ser de todo enfoque económico el hacer crecer y desarrollar a una empresa.

Las tomas de decisiones son fundamentales en el cumplimiento de todos los proyectos propuestos, decisiones que deben de fortalecer el proceso y desempeño de todos los colaboradores que contribuyen las buenas causas empresariales de estas depende el desarrollo operativo en todos los ámbitos y acciones.

Las buenas relaciones entre los socios en una compañía deben de ser el pan de cada día, como en una familia llena de armonía, en donde hay una confianza absoluta y en intercambio de experiencia es evidente para fortalecer las operaciones.

Aprendizaje que transforma. "*a través de la superación de desafíos.*"

En la escuela como el segundo hogar, escenario de grandes vivencias; recordando todos aciertos y desaciertos las experiencias vividas con los compañeros de clase lo más valioso de las infancias, cuando practicábamos diferente deporte, todo era emocionante y divertido como cuando hacíamos algunas excursiones a pacífico visitando el mercado de artesanía y adquirí algunos objetos hechos por las manos laboriosa de los artesanos de los Masaya.

Lo que no se me olvida fue cuando en esa misma ocasión compré un ayote que me asombró por el tamaño, cuya altura aproximada era de noventa centímetros en mi inocencia pensé recolectar las semillas y sembrarlas en la parcela familiar y de hecho así fue, se lograron sembrar las semillas de aquel enorme ayote y se desarrollaron de gran tamaño, pero no alcanzaron la misma altura debido al nivel de fertilizad del suelo y el clima de la zona.

Los aprendizajes a través de los intercambios de experiencias son valiosos y nunca se olvidan.

cuando en otra ocasión nos llevaron a una excursión a los estudiantes destacados del municipio, estuvimos en la biblioteca Nacional del Banco central escuchando una conferencia de doctor Jaime Incer

Barqueo una eminencia en la escritura de los libros de estudios sociales y geografías.

Ahí participe compartiendo una declamación de un poema que escribí, fue muy emocionante representar a la capital de cacao ya que estaban invitados estudiantes de todo el país fue importante compartir algunas ideas con unos colegas estudiantes de camoapa, los resaltaba las riquezas de su municipio en la producción de cuajada y productos lácteos mientras yo les hablaba un poco de lo valioso del cacao del cual se extraen las más deliciosas barras de chocolate que se les regala a las enamoradas de la época.

La situación fue muy elocuente fotos y regalos nos acogían la foto que conservo aun es aquella junto al lago Xolotlán de la capital, y lo que quedó en el recuerdo ha sido a gira en el volcán Masaya.

Todo escenario es viable para captar aprendizajes y poner en prácticas los aprendizajes constructivos, ya que en la vida suelen haber aprendizajes constructivos y destructivos y DIOS deja el libre albedrío para esa decisión de lo cual depende las buenas hazañas como las malas actuaciones eventuales que repercuten en la sociedad en faltas y delitos que cometen individuo que no pusieron en práctica aprendizajes honrosos y llenos de valores.

Al finalizar el bachillerato inicie la docencia e inicie la carrera de magisterio en la escuela normal José martí, empecé un camino lleno de sacrificio, cansancio y grandes caminatas para llegar a la escuela rural donde empecé esa gran travesía, no muy remunerada pero que contribuye al desarrollo del país, desde entonces me ha gustado ese oficio de compartir, desde que empecé en aquella escuelita humilde pero lleno de amor cada niño y niña llegaba con ganas de aprender y superarse en la vida.

Qué difícil es olvidar esa nostalgia que nos asombra cada día, al ver un estudiante del pasado en un gran profesional del presente, y un creador de desarrollo quizás en el futuro, esa es la recompensa o satisfacción que todo ser humado que se dedica a la docencia en el bello municipio que crecí, he tenido la admiración por colegas docentes Baluartes en las diferentes escuelas de Waslala capital del cacao en Nicaragua.

Cierto día de invierno Sali de la escuela un día viernes por la tarde iniciando una gran caminata llevaba conmigo uno polluelos que me habían obsequiado los estudiantes llevaba nueve en total, tenía una hora de haber empezado el viaje cuando a lluvia empezó a atormentar la caminata en donde disfrutaba del paisaje lleno de milpas y otros sembradíos, bosques restrojos pastos donde pastaba el ganado.

Esa gira era cansada pero divertida, encontraba comunitarios llevando la producción que extraían del campo fértil, mientras la lluvia continuaba pausadamente, pero yo seguía avanzando lo que me estaba preocupando era que ríos iban creciendo, comencé a pasar las primeras quebradas en medio del fango y el lodo del invierno, las correntadas de agua eran contundente en los caminos cada paso resbalaba el avance disminuía cada vez más y los caudales subían poco a poco.

Comencé a pasar un rio caudaloso cruce sin dificultades mientras el frio recorría todo el cuerpo además, los polluelos que cargaba me hacían compañía y temblaban del frio, todo estaba tenso, la lluvia seguía cayendo, y el rio creciendo, mientras se avanzaba por la carretera, como un camino pantanoso cruce el siguiente riachuelo crecido como ríos con aguas sucias y jalando hojarasca llegue al paso del-rio dudú más ancho pero no tan caudalosos, pase sin dificultades aunque temeroso a una crecida más potente y me pudiera arrastrar, ya eran las cuatro de la tarde, el crepúsculo del atardecer se acercaba, gente no estaba pasando iba solo el peligro era un gran adversario aterrador.

La situación es inédita, primera experiencia de esa índole seguía avanzado continuamente hasta llegar a un rio más pequeño, pero con aguas más caudaloso que el rio anterior, en este era difícil de pasar, me senté en unas piedras a descansar mientras la lluvia me seguía mojando, un poco cansado y triste esperando que el caudal bajara un poco, meditando cuanto sacrificio y desafío para compartir los aprendizajes con los estudiantes de buenos aires dudú escuela san lucas.

Valdrá la pena tanto sacrificio realizado por llevar esperanzas cada día un horizonte muy cálido me acompañaba, tendrá buenos frutos este proceso me preguntaba mientras veía el recorrido el recorrido del agua jalando algunos pequeños trazos y ramas acompañadas de hojarascas; el tiempo seguía avanzando, sentía una eternidad cada minuto y la desesperación toco la mente.

Los pollos que temblaba en el suelo húmedo, que ya eran las cinco de la tarde y aun no me atrevía a pasar, las fuertes correntadas me llenaban de temor, pero algo tenía que hacer ya que estaba atrapado y la noche casi caía, comencé a analizar como pasar caminé rio arriba viendo donde el rio podía angostarse en medio restrojos y zacate, dormilonas y espinas el cansancio estaba en mi pero no desistía ya que tenía que asistir a clases a la universidad el día siguiente.

Después de caminar más de cien metros llegue donde estaban dos grandes arboles de guaba uno a cada lado de río que se convertía en un gran obstáculo a vencer, observaba lentamente en los árboles dos grandes bejucos gruesos imaginaba pasarme amarrado de bejucos para que las correntadas no me arrastrasen rio abajo, observaba el otro extremos donde había mucho zacate denominado Taiwán completamente cerrado al final me decidí temerosamente a cruzar agarré los pollos, que eran mi única compañía.

Me dispuse a pasar agarrando con mano izquierda mientas que con la mano derecha tome el bejuco grueso y caminaba lentamente cuando de pronto llegue a la correntada fuerte esta me arrastró el terror llegó a mi ser no afloje el bejuco ni los pollos que cargaba a pesar de eso por tal razón la misma correntada se sacó al otro extremo del inmediatamente me agarre de pequeños arbustos.

Continué y me abrí pasos en medio del restrojo, ya la noche había caído casi no se miraba pero avanzaba para salir de ahí entre ramas y espinas, cansado por la caminata que emprendía desde la una de la tarde bajo aguacero desde la salida de la escuela hacia la casa en la cabecera municipal de Waslala.

Después de caminar pausadamente y agotado por el peso de la mochila y lo pollos que cargaba, seguía con la convicción de salir pocos minutos después Sali a la carretera y procedí a caminar por ella un poco oscura solo observando la claridad de algunas piedras entre sombras y muy temeroso ya que en esa zona se decía que salían delincuentes a asaltar, eso estaba en mi mente solo pensando en la compañía de Dios y su eventual protección el aprendizaje de la fe y la convicción me hacía seguir adelante.

De pronto en el horizonte miraba sombras y me asustaba un poco, miraba fantasma lo largo, pero era la sombra nocturna y el movimiento de las hojas de algunas plantas, de pronto escuchaba el canto de algunas aves que hacía más melódico el anochecer frio.

Comencé a la trepar una famosa cuenta muy empinada el sudor recorría el rostro junto a las gotas de agua de la lluvia que seguía cayendo sin decir nada, que experiencia más frecuente está acompañada de la innumerable sombra nocturnal, cada minuto que avanzaba me acercaba más a casa, pero aún me faltaba más de quince kilómetros.

El avance era continuo y el cansancio no me dejaba caminar tan rápido el lugar era tan solo que no lograba encontrar absolutamente nada. Me acercaba a la mitad de la cuesta, la fatiga y desesperación presionaba mi ser y los pollos que cargaban seguían temblando, pobres animales decían en mi mente, pero que en verdad me hacían compañía con su silencio y agotamiento ellos también sentían lo desolado que ara ese caminar.

Temeroso del camino, por había escuchado que asustaban en la zona, avanzaba con valor y con pasos un poco rápidos sin voltear a ver atrás por que parecía que me iban siguiente, pero en verdad era pura sicosis mientras el mido era para entonces mi compañía, sin olvidad a Dios, en mi mente decía ayúdame a llegar con bien, que no me pase nada en este camino tan solo.

Llegue a la sima de la cuesta y comencé a defender rápidamente y sin titubear escuchando la suave brisa que caía constantemente, logre bajar la cuesta y llegue hasta la casa de doña Gloria donde había una pequeña venta, entré y solicite me vendiesen una taza de café y una pieza de pan ya que el hambre me estaba consumiendo, la señora muy amablemente me atendió con lo solicitado y me dijo que acercara los pollos cerca del fogón, después de descansar beber café y comer pan platicamos unas cuantas palabras con la doña.

Me despedí de las personas que estaban en casa, agarré el conjunto de pollo y seguí mi camino, con temor, ya que había varios puntos un poco peligrosos

37

por la delincuencia que en algunas ocasiones habían afectado a ciertas personas, pero con certeza y con la protección de Dios.

Seguí avanzando sin detenerme rumbo a casa, cruzando espacios muy oscuros y otros un poco claro ya que de momento salía la luna aclarando los verdes campos que estaban a la orilla de la calle a lo largo se escuchaba el canto provocado por las ranas, grillos y diversos cantos sonoros de algunos pájaros que no logré identificar el tipo de ave me acompañaba con su armoniosa melodía.

Que armonioso es el canto nocturno lleno de alegría, después que termina la lluvia que refresca la naturaleza, mientras seguía caminando, ya con más alegría por acercarme más a casa, de pronto en el callejón escuche un ruido, me llené de nervio y caminé mucho más rápido por un momento el cansancio y la fatiga se olvidó a paso rápido, ya estaba a pocos kilómetros de mi humilde morada donde me esperaba mi estimadísima madre razón de mis empeños y entusiasmo por su forma de dar amos y cariño.

Después de hora más logré llegar muy alegremente mi mamá que estaba sentada esperando mi llegada calentó un par de tortillas para que comiera con cuajada al comerlas sentí como una gran delicia para quitar el hambre que cualquier samaritano como decía mi mamá.

El día siguiente era un sábado tenía que ir a clases de la carrera que estudiaba en ese entonces tenía mucho amor al estudio, que hacía cual sacrifico para estar en clase desafiando cualquier peligro que enfrentaba a mi paso, es decir disfrutaba aprender cada día resaltando y valorando cada asunto aprendido relacionado a las temáticas abordada por los docentes muy calificados por ciertos.

Los colegas de clases comentaban cada temática y discutíamos cada asunto expuesto por los docentes, se sentía muy sabroso captar esos aprendizajes de tan distinguida forma con dinámicas, debates, exposiciones, trabajos de campo, intercambios de experiencia, conversatorios, prácticas de campos, tareas asignadas, actividades autodidacticas todas formando y cultivando aprendizaje poco a poco.

Las motivaciones son valiosas cada día, ¿cómo llegar a clases motivado? ¿Como desafiar los desánimos? Y tomas el reto de los aprendizajes paulatinos de forma melodiosa hacer de cada lección bidireccional en donde las ideas resalten en cada momento y preparar el escenario para el oportuno dogmatismo y dejar el soberbio protagonismo.

Resaltar las atenciones individuales como grupales alimentadas por los diferentes contextos sociales de donde procede cada estudiante razón de ser de las actividades educativas seculares.

El producto de cada contexto se vincula con los procesos de aprendizaje para ir tallar cual artesano, los aprendizajes, sin obviar el autoaprendizaje, considerando que tenemos las posibilidades tecnologías y aplicaciones que no la tuvieron nuestros antepasado delos cuales tenemos grandes legados como la cosmovisión es decir el legado el cuido y protección a la madre tierra y alcanzar la tan soñada educación autosuntenble tanto económica social y ambiente con un equilibrio muy distinguido, esto es como un sueño que se alcanza cuando se despierta y se comienzan a aplicar los planes encaminados a esta temática considerando todos los elementos inmerso en el desarrollo comenzando desde la cuna y finalizando hasta la tumba. . en el intervalo de eso dos grandes escenarios esta todo el alcance de cada individuo para morir, primero debemos nacer, para captar ciertos aprendizajes debemos tener curiosidad y ser de una u otra manera ser atraídos.

Han pasado varias décadas y él aprendizaje, ha sido es y será importante en todos los ámbitos por donde te desempeñe cada agente social aprendizaje sigue siendo importante ayer hoy y siempre en todos los oficios desde el más humilde hasta el de más estatus. Todos necesitamos aprender para salir adelante en sus actividades cotidianas, considero muy valioso como un elemento indispensable que nunca se debe de ignorar.

El aprendizaje y su analogía

APRENDIZAJE y la analogía

A: Amor.

P: Paciente

R: responsabilidad.

E: Economía.

N: Nostálgico.

D: Disponibilidad.

I: indispensable.

Z: Paz.

A: Apto.

J: Justo.

E: Expresivo.

He asignado una palabra para cada letra que forma la palabra aprendizaje con la siguiente analogía. Primero empieza con la letra A con la que se escriba amor, considerando que el aprendizaje y el amor con distinguidos como grandes hermanos que siempre irán de la mano, quien tiene amor, tiene aprendizaje, amor al creador de todo y a las personas que nos rodean; para aprender se debe tener amor al estudio o a las actividades que aprendemos constantemente.

El amor familiar se aprende desde lomas íntimo y secreto o, lo más público y discreto, Lleno de vivencias y congruencias que a través de la gran escuela de la vida que se va alcanzando con experiencia, cada día.

El aprendizaje paciente

El aprendizaje siempre espera el momento y está en todos lados para ser expresado poner en práctica y brindar sus frutos desde el amanecer el aprendizaje es como la luz que alumbra esas noches oscuras y como el sol en el día que nos alumbra nos llena de energía para seguir en la lucha y ejecutar todas las actividades planteadas cuyo aprendizaje es necesario, ya que es la razón de ser de cada una de las acciones desempeñadas.

Todas las situaciones están vinculadas a un determinado aprendizaje que esta focalizado a diferentes métodos, enfoques y estrategias; podría decir que el aprendizaje está lleno los vacíos de saberes que desconocemos, pero con ánimo buscamos para satisfacer y buscar resultados que nos ayudan a salir adelante a pesar de las dificultades.

El aprendizaje como producto cognitivo es un elemento valioso en todos los niveles educativos y sociales, desde la antigüedad se buscó siempre como mejorar los conocimientos y la tecnología en su momento poco a poco ir avanzando y transformando la agricultura la industria artesanal e industrial de los tallados de los faraones con sabiduria hasta pasar por las grandes esculturas romanas y griegas.

El aprendizaje con responsabilidad.

En todas las andanzas la responsabilidad es medular y por ende cuando aprendemos cual elemento cognitivo debemos hacerlo responsablemente, ya que si aprendizaje no es utilizado para los fines del bien también puede afectar a la sociedad, por ejemplo, los aprendizajes que tienen que ver con la física o química si este se hace sin un orden estricto puede afectar a los seres vivos ahí juegan un papel preponderante los valores morales y espirituales de la cosmovisión de los pueblos.

La aplicación de todo tipo de saberes se ejecuta respetando las culturas de cada una de las comunidades adaptándose a estos grupos sociales para sacarle el mayor de los provechos contribuir al avance educativo sin afectar el legado ancestral recordando que desde la familia se tiene conocimiento empírico que se ejecuta y es la razón de ser de cada una de las actividades económicas sociales culturales y ambientales de la sostenibilidad de los pueblos.

Cada una de las personas debemos de asumir con responsabilidad los aprendizajes que poseemos las causas y consecuencias que este traiga consigo, las ventajas o desventajas, los afectos y defectos en la gran escuela de la vida se aprende de todo, para resolver situaciones debo aprender a relacionarme con las demás personas es decir mejorar las relaciones humanas y aplicar las estrategias adecuadas para persuadir a las personas involucradas en dichas escenas.

Pero como ente social tenemos un compromiso con la sociedad de contribuir correctamente al desarrollo en todos sus ámbitos esto indica que los aprendizajes se deben gestionar de la forma apropiada para fortalecer los saberes que se tienen ya que todos los seres tenemos aprendizajes y necesidades de seguir aprendiendo esa es una misión encaminada constantemente en todos los esquemas por donde te desempeñas

Las operaciones que involucran a las personas más cercanas a ti con el más grato de los amores entregas todo por ello cada acción tiene una reacción, en los aspectos cognitivos, los aprendizajes tienen una reacción, según como se gestiona el nivel de aprendizaje desde el punto de vista altruista buscando cada minuto, hora, día meses y años el bienestar de los demás sin esperar ninguna retribución, pero haciendo un sacrificio propio y que este sea la mayor de las satisfacciones.

El aprendizaje transforma la economía.

La economía es uno de los elementos muy valiosos de toda la sociedad y está vinculado a la honestidad en el manejo de todos los bienes sean estos pocos o muchos pero el manejo de estos ayuda al buen desempeño y el manejo de esto se aprende en la gran escuela de la vida y en los diversas instituciones educativas del sistema, además de esto hay que dejar claro que los conocimiento están al alcance de todos con las nuevas tendencias tecnológicas a través de las inteligencias artificiales, por ende esta la forma autodidacta de aprender es decir buscar los aprendizajes por sí solo alimentar el ámbito cognitivo de forma cotidiana.

La economía está en nuestra familia en cada movimiento, cuando compramos o vendemos algo que producimos y nos sirve para sobrevir cada día y desarrollarnos desde la microeconomía familiar, que construye una sociedad con todas las unidades productivas industriales y no industriales en toda región para alcanzar un desarrollo debe de avanzar desde la familia y su preparación desde los primeros días de cada uno de los miembros que la integran.

Estuve dialogando muy amenamente con un joven emprendedor en mi pueblo y el expresa como el aprendizaje práctico transformó su economía emprendedora la apertura del aprendizaje empieza abriendo la mente cada día en las acciones emprendidas sin olvidar la cobertura de DIOS cada día nuevo, es uno o varios desafío; aquella creencia que muchas veces tenemos en la familia que consideran que no es viable iniciar un negocio, porque eso ya existe el negocio o actividad económica, porque consideran que no es rentable, expresando eso sin hacer ningún estudio considerando que eso no funciona entonces hay que romper esos paradigma.

Esas opiniones negativas relacionadas a aprender no deben de limitar nuestro proceder; si no seguir trabajando con entusiasmo y transformando las ideas en hechos no importando el rubro que este sea, teniendo éxito en ese negocio qué funciona cuando este hizo su primer emprendimiento fue una venta de verduras.

Las demás personas le decían que eso no funcionaba que eso solo era cosa de tiempo para desaparecer, pero no fue así, lo acepto, no es fácil le ayudó la experiencia. se dio a la tarea de vivir de la práctica es decir la cotidianidad y hacer que todo produzca y funcione, porque todo tiene una manera lógica de operación lo primero es convencerse uno mismo, ya que es el primer paso para ir alcanzando éxitos tras éxitos al inicio es doloroso la lucha es interna.

al vencer la lucha interna se continua con lo externo es decir atender los clientes como se lo merecen implementar los aprendizajes virtuales a través de las redes sociales para vender de forma virtual y promover el establecimiento físico situaciones muy básicas para comenzar a cultivar grandes éxitos y triunfos económicos. El proceso es continuo se dio inicio con las visitas casa a casa para ofertar, además de comercio virtual, todo suma, aprender a emprender cualquier cosa es buena depende con que perspectiva la analicemos y apliquemos el factor clave es abrir la mente para aprender constantemente

Algo que no debe de ignorar es el cliente como fidelizar al cliente depende de muchos factores uno es nuestro estudio, ser autodidacta, además de los aprendizajes captados en los centros de estudios leer e implementar lo más básico, pero proactivo uno tiene

47

que analizar al cliente determinar sus deseos, necesidades, sus gustos y antojos.

El cliente es la razón de ser de todo emprendimiento hasta de las más grandes empresas, eso se debe aprender constantemente sin ignorar ninguna forma de proceder, actitud acciones o desempeños el estudio de mercadotecnia de cada emprendimiento tiene una relevancia muy alta.

El aprendizaje nostálgico.

Hay una frase que la aprendí desde niño expresada por mis ancestros que decía lo que bien se aprende no se olvida, es decir que el aprendizaje a través de la nostalgia nos permite recordar y reinventar las actividades que ejecutamos a diario si somos docentes, innovar las estrategias que más resultados nos dado, con la finalidad de mejorar cada día, ya que todo avanza y gracias al aprendizaje, los grandes científicos van experimentados poco a poco y van aprendiendo para escribir los resultados o hallazgo de cada experimento.

El aprendizaje se capta de nuestros sabios padres, abuelos y ancianos de la comunidad o ciudad cuando estos comparten sus experiencias y vivencias alcanzadas a través de tertulias o coloquios en donde se abordan diversas temáticas desde niño en la comunidad donde vivía por las tardes nos reuníamos a conversar algunos contaban chistes, otros cuentos, e historias de fantasma y cuando esto pasaba daba un poco de miedo, ya que cada anécdota contada la imagen de esta iba cruzando nuestras memorias como si fuese una película de cine.

Es maravilloso recordar aquellos atardeceres escuchando en el silencio de la tarde debajo de aquel árbol el canto de uno u otro pájaro y las voces de las conversaciones calladamente los más pequeños escuchábamos a los más grandes que se manifestaban como grandes lideres del grupo de jóvenes que nos divertíamos sanamente, después de un rato escuchábamos la vos de nuestras madres decir hijo ven a dormir por favor ya es noche.

Algunos nos quedábamos minutos más tarde y posteriormente nos íbamos a nuestras humildes moradas, y estos se repetía de vez en cuando todo era muy sencillo pero melodioso. En esa época así crecimos asistíamos a clase todos los días, la escuela quedaba como a un kilómetro de casa, pero llegaba animado más aun cuando estábamos estrenando cuaderno que emanaban un olor sabroso a madera indescriptible.

El docente antes de iniciar la clase nos ponía a cantar el himno nacional, con su ayuda, cada uno sentíamos ese amor por la patria, como no hacerlo si es como nuestra madre que tiene muchos hijos más de seis millones que impulsamos las mejores acciones para esforzarnos cada día porque el sacrificio es el don más valioso que todo ser humano da por su patria de distintas maneras.

En mi caso me gustaba escribir y aprender poemas bueno eso era mi hobbit, a veces los improvisaba en los actos cívicos, pero salían muy bien eso ocurrían cuando se celebraban las diferentes efemérides por ejemplo un día del libro compartí la siguiente poesía.

Libro sabio

Libro sabio que exista mi aprender

Y que apenas con ahínco, te leo

Y me enseñas la fuente del saber

Tus historias narran lo que no veo.

Pero sobre todo imagino,

Tu eres más que un sabio libro

Que has surgido del genio divino

Y has llegado a florecer como el lirio.

Tu enseñanza es muy virtuosa,

Porque tu saber, no es de humano,

Es de Dios y su sabiduría gloriosa.

Por todo.

Mi primer anhelo, es lo ilustre leer

Y tenerte cada noche en mi sueño

Y una gira de lector emprender.

Este poema resalta la importancia de los libros y en especial a la Biblia inspiración divina en donde aprendemos acerca de Dios y sus enseñanzas para enrumbarnos el camino correcto, ya que este libro da respuestas a las más variadas preguntas que pueda realizarse el ser humano en todas las etapas de su vida y en los diferentes escenarios y contextos.

Es de vital importancia manifestar las acciones de autodidactas para aprender cada día pues los conocimientos están solo de escudriñarlos no quedarnos quieto lo que aprendemos en los diversos esquemas, ya sea la escuela, universidad, iglesias o por donde nos estemos desempeñando actualmente con las nuevas tendencias existen más facilidades, aunque no debemos de permitir que la tecnología nos absorba, pero si debemos de aprovechar toda y cada una de las herramientas que nos brinda.

Es necesario que reflexionemos los sacrificios que realizamos cada día para aprender lo que nos gusta y motiva si nos gusta dibujar una silueta y nos apasiona el aprendizaje de la pintura es el seguimiento que más nos conviene para sellar ese aprendizaje.

Los aprendizajes se sellan con buenos frutos o resultados, porque si aprendes algo, pero no tienes frutos de esto hay una falla cognitiva al compartir y al ejecutar, pero esto puede mejorar observando cuales han sido nuestras fallas para superarla.

Disponibilidad de los aprendizajes.

El aprendizaje siempre está disponible para todos sin importar las edades ni los estratos sociales, es necesario en todo momento, y en cualquier escenario donde estemos frecuentando, desde nuestros antepasados por ahora y en el futuro el aprendizaje siempre nos hará crecer cuando le damos el uso adecuado respetando a los seres que nos rodean que también nos transmiten aprendizajes valiosos en nuestro diario acontecer vinculado a proceso de motivación e interés cognitivo cuyos propósitos buscan el bien común de cada individuo.

Cuando era un niño deseaba crecer y aspiraba a ser una persona estudiosa y en cierto sentido he cumplido algunas metas que soñaba por lo cual tengo un nivel de satisfacción, pero siempre hay vacíos a los cuales toda persona tiene aspiraciones a llenarlos, todo ser humano puede alcanzar lo que desea siempre y cuando este convencido en su subconsciente.

En el seno familiar hay disponibilidad de aprendizajes que suelen ser las bases del ser humano en crecimiento cuyas ideas aprendidas y compartidas con mucho amor forman y educan al niño con los valores morales y espirituales que sirven para la preparación al ingreso escolar sentando las bases de un niño empoderado con aspiraciones, con sueños y alternativas que posee diversos caminos por lo cual se conducirá de acuerdo al mentor que en la familia son los padres y las madres.

En esta etapa hay serias dificultades pero poco a poco se pueden superar en el ámbito social actualmente hay gran disponibilidad de información en las redes e internet a las cuales acceden nuestros hijos e hijas a información valiosa, pero también información peligrosa, si nos es administrada y gestionada de la mejor manera he allí el cuidado que debemos en cada instante, buscando las buenas opciones y evitando los prejuicios sociales que son evidenciados en todos las iniciativas e intervenciones en las nuevas tendencias.

Hay escenarios más propicios para aprender, otros donde aprendes con facilidad, algunos lugares que te exigen aprender, y en ciertas ocasiones que exiges aprender, que gran variante la situación lo que más me motiva es el último, donde te propones metas de aprendizajes concretos y sobre todo las cumples, estas pueden ser en tu trabajo en el entorno o donde estes desarrollando determinada actividad cognitiva.

Todas las personas tienen un nivel de aprendizaje diferenciado puedes ser sabio en una disciplina, pero se ignoran muchas de ellas por lo cual es importante tener buenas relaciones con las demás personas que manejan información que desconocemos y necesitamos, la humildad nos hace aceptarnos tal como somos y con lo que sabemos y lo mucho que desconocemos, si hablas con un albañil de su oficio, te hablará como un especialista en su área o entorno donde se desarrolla, como hacer cada una de las actividades, si conversas con un médico te hablará de medicina, y cómo se ha desempeñado con sus pacientes que es lo que más le gusta y apasiona de su oficio cuales han sido sus mejores fortalezas y debilidades que lo exigen de seguir adelante.

En cambio, si hablas con un estudiante te dirá que tiene muchos deseos de superación, conversé con uno de ellos y me expresó que es bonito tener mejores conocimientos que cada día capta aprendizajes y sube su nivel de capacidad intelectual, ya que este está lleno de sueños que poco a poco en transcurso de su vida la ira cumplimento, aunque siempre hay algunas frustraciones en el camino, como cuando uno va escalando una montaña tan alta como el amalaya, el excursionista tendrá muchos tropiezos, pero él siempre está enfrascando a llegar a la cima, aunque sea difícil, pero este tendrá diversos intentos por nivel de motivación.

La motivación mueve el alma, levanta el ánimo, aunque estes cansado te hace seguir adelante muchas veces he estado cansado, pero de pronto un amigo, un familiar, o un conocido motiva directa o indirectamente, directa ha sido cuando he intercambiado experiencia en donde me han fortalecido y he fortalecido con alguna de mis ideas, considero que el intercambio de ideas y experiencias son vitales para fomentar el desarrollo de nuestras metas y desarrollar las habilidades y destrezas.

El excursionista recibe las experiencias de los que han logrado escalar alto; en donde le expresan los desafíos enfrentados en el camino y como salió adelante superándolo. Todos los seres hemos tenidos grandes obstáculos el propósito principal es superarlo con persistencia y perseverancia y la constancia de cada día, ya que, si ven del cielo caer una gota de agua sobre el suelo, poco a poco esta va haciendo un orificio y este irá creciendo paulatinamente así crecen las experiencias en la gran escuela de la vida.

Los modelos y estereotipos tienen un nivel de influencia en los elementos cognitivos, los modelos son los que nos focalizan que hacer y cómo hacer, pero esto suele ser esquemático es decir lo que ya está establecido, es vital tratar de hacer algo innovador y que nos ayude a transformar el camino a seguir, no importa que tan complejo o difícil que este sea.

Todo tiene una salida oportuna y al finalizar de este proceso el éxito nos alcanzará, no cabe ninguna duda. El destino de cada quien esta trazado de acuerdo a cada uno de los valores aplicados en la cotidianidad y en este incurren unas series de eventos de socialización en la que intervienen los elementos del entorno social, la economía y del medio ambiente; en la sociedad porque esta influye y va formando a través de sus aprendizajes va formando al ser, como el artesano forma su obra de arte que la calidad depende de las técnicas que este implemente en su elaboración.

Si te desarrollas en una sociedad llena de valores morales, espirituales y principios éticos Crecerás aplicando en tu vida y en tu familia cada uno de estos elementos de conductas en cambio si te desarrollas en una sociedad donde los niveles de aprendizajes son negativos, aunque no se descarta la posibilidad que hagas la diferencia, pero las probabilidades son mínimas, dependiendo de los rasgos culturales se pueden romper esos paradigmas que se han creado en la vida.

La economía es interesante para todo ámbito social y para alcanzar el desarrollo con sostenibilidad, clasificando las clases sociales de acuerdo a su nivel de vida aquí podemos valorar cosas positivas y negativas, se aprende a valorar los bienes y a darle el uso apropiado alcanzando una calidad de vida, lo negativo es que surge el amor al materialismo.

No podemos sacrificar a los semejantes para alcanzar riquezas, dura realidad, pero sucede en cada uno de nuestros pueblos. El aprendizaje nunca pasará de moda y hablar de él es lo más interesante, ya que en cada paso que doy para avanzar o para reflexionar las acciones que he realizados en la vida sean estos los aciertos o desaciertos, los más grabes errores como los mejores triunfos que fortalecen el alma con el entorno social que me han acompañado y han sido una inspiración para seguir adelante y luchar por mis aspiraciones.

Los conocimientos también se cultivan como una planta que antes de nacer se selecciona la mejor semilla, se prepara el terreno donde se va a depositar las semillas, se busca el terreno más fértil después de depositar la semilla en el terreno apropiado y a nacido hay que suministrarle el agua y fertilizar para que tenga un desarrollo de sus raíces y poco a poco va creciendo pausadamente hasta llegar a brindar sus frutos.

Aprendizaje que transforma. *"a través de la superación de desafíos."*

Cuando el agua cae naturalmente es como cuando el aprendizaje llega sin hacer tantos esfuerzos ni aplicar técnicas de aprendizajes en cambio cuando le suministra agua y fertilizas es como cuando aprendes con todas las técnicas y herramientas apropiadas ambas dan frutos, pero este último más vigorosos por las técnicas implementadas.

Lo que se ha cultivado fructificando y alimentando el alma, la mente y el corazón para progresar y aportar detenidamente a la sociedad brindando conocimiento bidireccional ha eso le llamo reaprender como cuando los estudiantes aprenden del docente, y el docente aprende del estudiante.

La tranquilidad debe estar siempre en nosotros sin subestimar a las personas que nos rodean Independientemente que consideres tener mayores conocimientos, pero la realidad es que carecemos de muchos elementos que desconocemos por tal razón, no es viable tener un nivel egocentrista, lo interesante es sentirnos al nivel del contexto y sembrar nuestras semillas de los buenos saberes para que estas puedas nacer en memorias frescas fortalecidas, mejoradas e innovadas aprovechándolos avances tecnológicos actuales.

Lo más sublime de las nociones.

Las nociones más sublimes son las que llenan de alegría, el alma y el sentimiento de un pueblo desde el más temeroso, hasta más valiente, desde el más rico hasta el más pobre, el Más inteligente o más ignorante todos poseemos una noción, un sueño que persiguen cada día unos con más valentía y arraigo que otros, ya que todos en cierto momento tenemos las oportunidades de acuerdo al medio contextual.

Donde nos desarrollemos, nadie se debe sentir limitado o frustrado en medio de tantos retos y desafíos enfrentados en donde el poder cognitivo y psicológico juegan un enfoque medular en alcance de la noción, el posotivimismo y el entusiasmo nos encamina cada uno a no rendirnos y no tirar la toalla enfrentar la pelea como hace un buen boxeador motivado por su entrenador.

Las primeras nociones que como humanos tenemos son las existenciales que nos permiten aprovechar cada oportunidad e ignorar los desmanes de la negatividad y desanimo que nos da la desmotivación. En cambio, el amor a la vida a la libertad, a la igualdad y a la sobrevivencia en mundo más sostenible esa es y será siempre la búsqueda de sobrevivir para compartir y luchar para ganar de seguir adelante para llegar a la cima y sobre todo seguir sosteniéndonos sobre un enfoque sustentable y bajo la protección de un Dios con sus grandes bondades, en toda la cotidianidad que es indescriptible.

¿Qué hacer para no desmayar? El camino sinuoso y lleno de obstáculos, cansado en donde los dolores corporales y angustias están latente, pero nuestra mente nos motiva, e inspira en cada instante, pero siempre se necesita de una mano amiga, que te enseñe como avanzar en ese camino impetuoso donde el aprendizaje es vital, en este sentido nunca falla alguien que te apoye en todo momento de lucha.

La superación de cada obstáculo nos llena de satisfacción, salir de la angustia cada atardecer y levantarse por las mañanas con esa mente fresca olvidando los componentes negativos de las faenas anteriores, las buenas relaciones, las convivencias valiosas y oportunas, trabajo en equipo nos fortalecen cada día ayudándonos a tener una existencia más congruente con nuestros propósitos de vida.

Hay seres que nos rodean que tiene nociones cuantificables como un fenómeno social, es decir que a todo le agregan un valor cuantitativo, medible en todas las andanzas todo movimiento y acción permite tener un enfoque económico, este individuo considera que toda acción debe tener una remuneración relacionándose al materialismo sustancial de los eventos alternativos en cierto sentido evita el derroche, y se enfoca a las estrictas medidas estructurales en nuestro pueblo he conocido a algunos y aparentemente les ha dado resultado a pesar de los desmanes materialistas.

En estos esquemas intervienen los individuos según su edad, ingresos, rendimiento habilidades, productividad y relaciones humanas para superar los momentos más críticos que son infaltables en la gran escuela de la vida y superar estos nos hace más fuerte cada día, como cuando el atleta avanza en la carrera no importando la cantidad de sudor que emana de su cuerpo.

La inspiración fortalecerse al ser a través de su automotivación consiente que el cansancio es parte de la actividad física y que la preparación es básica para tener resultados cuantificables.

En esta vida hay que romper paradigmas y esquemas tradicionales con el fin de mejorar cada día y hacer de una sociedad vinculada a la sostenibilidad y amigable con los diferentes contextos, cada clase social, tiene sus propias frustraciones y preocupaciones cuando era un niño, un anciano me contaba que cuando él era joven lo que más le preocupaba era en los alimentos que consumiría el día siguiente, pero cuando él fue creciendo en conocimiento y en edad, aprendió que la vida misma es un reto que hay que disfrutar cada día, para entonces ya él no pensaba solo en alimentase como lo hacía cuando era joven si no en su sostenibilidad económica que había alcanzado y seguir en el proceso autodidacta que había alcanzado que lo fueron formando pausadamente en donde tuvo mucha paciencia y pertinencia.

Lo más difícil de todo no es llegar a cierta meta, lo más agotable es autosostenerse, ya que ni los grandes campeones, permanecen en la cima por siempre en algún momento cuando los supera otro con mejor preparación y actualización a su época y con ganas de alcanzar el cetro que ostenta el otro, es inevitable que llegue el momento de claudicar, para los cual se debe estar preparado es de vital interés para innovarnos.

Sección III EL MEDIO SIEMPRE TIENE ALGO QUE ENSEÑAR.

Desarrollo del aprendizaje en el entorno.

Los niños que nacen y crecen en el campo es decir en las comunidades rurales tienen un aprendizaje diferente a los que se desarrollan en las zonas urbanas esto depende del entorno o contexto, los escenarios donde realizan sus actividades son diferentes. El niño de la zona rural aprende las actividades agropecuarias todo lo concerniente al campo estos niños son los futuros emprendedores del campo con todas las fortalezas que la zona le facilita aprendiendo acerca de la cotidianidad.

Estuve conversando con un grupo de niño de una comunidad rural donde me desempeñé como docente en mis inicios de esa noble profesión de compartir aprendizajes, unos me comentaban que aprenden las actividades agropecuarias a través de la observación, orientación y practica de sus mayores que forman su familia dedicadas a diferentes actividades unas familias dedicadas a la ganadería, otras a la caficultura, algunas fincas eran cacaoteras y cultivos de granos básicos en si desempañando las arduas actividades del agro, aprendiendo desde como fertilizar, hasta como alimentar y gestionar las actividades ganaderas.

El más alto de todos me decía aquí en el campo hay vida sonriendo, si quiero los alimentos son cultivados en nuestras parcelas, los árboles son una gran compañía aunque se tiene ciertas limitantes pero los productos alimenticios están más al alcance de las familias propiamente en sus tierras, los fines de semana nos divertimos jugando beisbol en el campo cercano a las viviendas, en días de veranos visitamos el rio que adornas el paisaje con sus aguas cristalinas, el florecer de las plantas, que belleza, la frescura de las montañas traen un clima que su valor es incalculable que es como una gran bendición de DIOS, ver crecer los animales y las pantas que se cultivan es una experiencia satisfactoria viendo cada proceso y aplicando lo que necesite tanto los animales como las plantas para su desarrollo, las plantas brindaran sus frutos consumibles y comercializable para alimentar las zonas urbanas.

Aprendizaje que transforma. " a través de la superación de desafíos. "

Que agradecido estoy por los que hacen la gente del campo hay que fortalecer su nivel de aprendizaje para mejorar sus actividades agropecuaria que se ejecutan en el campo con la ayude del entorno de la entidad de los suelos que DIOS nos ha regalado, cuando di clase en la zona rural, solía salir los fines de semana a hacer unas excursiones campestre y visitando a los padres de familia donde laboraba con entusiasmo, me recibían con alta estima, gente que nunca olvidaré por que han creado en mi corazón un gran legado.

La sonrisa de los niños y niñas a los que le compartía los aprendizajes, observar en horas de receso jugar sombríamente diferentes tipos de juegos, que diversión más bella que vive nuestra niñes en el campo sin el distractor de los celulares, pero con ganas de superarse cada día; los niños por la mañana se levantan a ayudar a sus padres en las actividades cotidiana sin renegar, pero motivado por la luz de nuevo día, aportando poco a poco con sus pequeñas actividades al desarrollo familiar, sin dejar de asistir a la escuela.

En los atardeceres ver el sol ocultarse con sus últimos rayo como vetas de oro en el suelo lleno de energía lumínica, casi en el ocaso, los señores tomando una taza de café bien fuerte con su ocasional hormado de campo es decir de maíz que suele ser nuestra fraterna raíz de los Nicaragüenses, la situación es admirable por las tardes hacer las tertulias con diálogos, los señores, compartir sus experiencias y sabias historias sin fallas los inolvidable consejos brindados con buenas intenciones y llenos de experiencias concretas.

Todo, todo, trae una enseñanza insuperable las palabras se quedan, cortas para narrar el nivel cognitivo del campo. sin olvidar el carisma y la hospitalidad que tiene cada ser humano hijo de las sabias y esplendorosas zonas campestres trae una formación en valores morales inclaudicable en sus practica desde la cosmovisión e idiosincrasia.

Las comunidades que son el sustento de las zonas urbanas con sus frutos de toda índole, como obviar los niveles de relaciones humanas que en cada momento que uno se encuentra con algún comunitario nos saludan sin importan ¿quién eres?, ¿de dónde eres?, y ¿qué intenciones te inquietas en las comunidades? Lo que te brindan es generosidad y buenas relaciones sociales que enriquecen a la sociedad con esas nobles actitudes.

Los entornos urbanos tienen su propia forma de aprender que difiere mucho de la zona rural Este se focaliza más a los medios tecnológico los niños aprenden a través de aplicaciones tutoriales videos, sitios web, en el parque en los sitios donde se practica deportes las situaciones aquí un poco modernas y las actividades que realizan los niños en la zona urbana distancia mucho con los de la zona rural diría que hay ventajas y también desventajas.

Es verdad que tienen avances en los medios tecnológico y de ruido la bulla del mercado el paso de vehículos, el vaivén de sus ruedas al desplazarse, se percibe un aire un poco contaminado por el humo emanado de los vehículos, los niños que se desarrollan en la ciudad desconocen muchas actividades que realizan en el campo.

En las ciudades aprenden a usar aplicaciones y a manipular objetos tecnológico, las relaciones humanas son vitales hay más población, más voces más andanzas, la vida es más cara pues aquí hasta las miradas se compran.

Hay riesgo de accidentes que frustrantes que traen tristezas por perdidas de vida y lesiones de muchas personas traen consigo grandes lecciones de aprendizajes, pero a alto costo social y económico los conductores un como temerosos y cautelosos para no ser protagonista de ningún accidente, el cuidado es pan de cada día para los peatones al cruzar las calles aplicando correctamente las señales de tránsito, con el autoaprendizaje continuo a través de experiencias constantes.

Los niños por las mañanas cruzando calles todo un peligro que pone temerosos a la comunidad estudiantil, esto es una cotidianidad y muy rutinario a veces sale un temerario conductor conduciendo temerariamente poniendo en peligro a los peatones, aprender a tener cuidado es la moda de los amaneceres y atardeceres, pero además aprender a relacionarnos con los demás es algo que realimenta el buen vivir de la población, los adultos en sus diferentes labores, mecánicos oficinista, albañiles, ingenieros, doctores docente, obreros comerciantes y ejecutivos de ventas reactivan las acciones comerciales y sociales todos vamos un mismo vínculo.

Salir adelante y mejorar las condiciones de vida a través del desarrollo. Un niño muy asombrado llegando del campo a la ciudad, con un morral lleno de iniciativa para salir adelante y sobresalir en su familia y su comunidad prosperar en conocimientos para compartir aprendizajes, ya que lo más valioso de todo aprendizajes es poderlo compartir para que sea fructifico en el ámbito social aportando en gran manera a mejorar sobriamente, ya que el vínculo de los aprendizajes con las acciones;   son vitales para todo ser mientras que los aprendizajes sin acciones son como el suelo infértil en donde no puede tener desarrollo ninguna planta.

Contento cada día cumpliendo con sus metas a corto plazo, ya que las grandes acciones se van formando poco a poco y los caminos extensos se van marcando y trazando acerca de las uniones de cortos tramos, cruzando las calles todos los días y posteriormente llegar a las clases a escuchar las lecciones emanadas por docentes amoroso, y llenos de impetuosas ideas y con ganas de poder aportar e enriquecer el desarrollo cognitivo de las futuras generaciones a través de las acciones y la práctica es decir el aprendizaje que se vincula a los hechos.

El compañerismo gran influenza de aprendizaje cultural, la idiosincrasia de nuestros pueblos Considerando los medios tecnológico instrumento muy influyente para captar culturas extranjeras que poco a poco van transformando la forma de actuar

Cada miembro que integran la sociedad, han pasados pasando por todos los procesos el niño que crece avanza muy contento la educación primaria, surca el camino de la educación media lleno de pensamiento e ilusiones caóticas normales de la etapa.

Los padres que aconsejan cada día son grandes paladines de la sociedad moldeando la conducta infantil y adolescente algo muy complejo en la actualidad , el niño que aprende los consejos y sobre todos los aplica, puede e influenciar a los que le rodean para avanzar en una sociedad con muchos deseos de superación en todos los niveles, morales intelectuales, espirituales económicos ambientales, sociales y culturales todos juntos llenan de fortaleza el joven que camina con paso firma culminando la secundaria y pronto acercándose a la educación superior donde nuevas metas emprendidas retan al futuro profesional.

Entorno docente.

Empecé a temprana edad a ejercen la docencia con amor al arte de compartir los aprendizajes que me habían compartidos mis docentes desde las primarias, el entorno siempre aportó grandes aprendizajes por sus motivaciones, y atracciones laborales el deseo de seguir las letras de muy joven, la inspiración de cada amanecer o atardecer el brillo de los de las miradas de los niños con ansias de superarse de año en año, en cada lección, lo más valioso es tener la satisfacción de ver los niños crecer cada día.

Abrumado por las tardes, después de terminar la jornada y descansar un rato, para iniciar su planificación de la clase del día siguiente en medio de indicadores de logros y competencias, o el aprendizaje basado en problemas planeando cada lección y buscar en como redactar el siguiente problema visualizando si estos tendían los resultados planteados, al fin el propósito se va cumpliendo poco a poco y la sociedad que pasó por los salones crecen sin detenerse el docente continúan con la animación de sol de los amaneres lleno de brillo o el descanso con el ocaso en los anocheceres y sobrevivir cada día sin importar cuales sean los desafíos u obstáculos que se presentaran.

Los años transcurren y cada mes que pasa trae sus nostalgia y alegrías con sus celebraciones vinculadas a las efemérides eso inyecta un gran capital de fortaleza, la sonrisa de los estudiantes por haber captado la lección y hacer la evaluación de los aprendizajes los niños inquietos pero preparados por rendir al máximo en la evaluación planteada por el docente que espera una buena cosecha como lo hace un agricultor cuando hace una simbra en el campo.

Al reflexionar por los resultados alcanzados en las evaluaciones de los aprendizajes de los estudiantiles, ¿qué fue lo mejor? o ¿cuáles fueron las dificultades enfrentadas?, y ¿cómo logramos salir de ellas?, que estrategia fue la más valerosa para continuar con las réplicas en sus aplicaciones y superar las dificultades enfrentadas y que estrategia fallo para corregir los errores que no fallan en todos los procesos de aprendizajes.

Cada año llegan las tan esperadas vacaciones el gremio alegre, la familia lo espera con plenitud para compartir el amor y cariño cultivado desde el seno más cercano de la familia para el disfrute de los diálogos internos, la alegría de diciembre después de participar en promociones educativas emociones y alegrías únicas en cada vida dentro del proceso de la gran escuela de la vida lleno de procesos altos y bajos muros y vallas todas cruzadas poco a poco y siguiendo cada etapa de los niños y niñas.

En vacaciones aún se recuerda el bullicio pedagógico de los niños y jóvenes con quienes se comparte los aprendizajes oportunamente se les lleva siempre entre el recuerdo y la nostalgia, que profundamente han ingresado en la mente de cada ser, la vida es piadosa te hace disfrutar cada proceso, lo que se requiere es alcanzar cada momento el máximo nivel, las relaciones humanas tienen mucho que aportar al nivel cognitivo y la conducta del ser.

Los conversatorios, coloquios, el compartir experiencias, la reflexión y el análisis de los alcances las fallas de nuestros actos van haciendo al ser cada día de forma diferenciada con su propia identidad.

La valentía de ser tolerante a ciertas conductas contribuye a una sociedad con buena convivencia, y sobre todo aceptar los errores que nunca están ausente en todos los niveles y etapas en que nos encontremos como gremio, los niños disfrutando del juego por las tardes el docente disfrutando de alguna platica interesante con la frescura del ocaso la situación es reciproca y necesaria para relacionarnos mutuamente como sociedad de forma holística respetando la cosmovisión.

Aprendizaje que transforma. "*a través de la superación de desafíos.*"

Los hechos y las palabras a veces nos asombran por lo distantes que estos estén; las palabras se escuchan bonitas, encienden nuestros oídos y mente nos instan a reflexionar y actuar, los hechos producto del actuar con o sin reflexión previa evidente o no evidente, consiente o no, con intenciones positivas o negativas ambas conllevan un nivel de aprendizaje, una causa y un efecto una acción y una rección, al final se alcanza un resultado bueno o malo dependiendo desde que perspectiva se visualice al finales el resultado de lo aprendido y actuado para auto influenciarnos e irradiar el entorno, pausado pero que es apropiado en todas las dimensiones.

El estandarte de un Maestro.

Nadie más bohemio y cansado
Como el que lleva la misión de enseñar,
Y luce siempre aventurado,
Sus pies van firmes al marchar.

Cada día encaminado
a dar la ilustre enseñanza.
De la acción enamorado
dando horizontes de luz y esperanza.

Ninguna misión es más importante
Que la de un maestro abnegado.

Aprendizaje que transforma. "a través de la superación de desafíos."

Que lleva de pies y cabeza el estandarte
haciendo de cada día un aprendizaje de agrado.

Prendiendo una luz en cada niño
Enseñándoles el hostil camino.
El del amor al estudio y al empeño
Para que vivan y tengan un buen destino

El niño siempre aprende.

Desde el amanecer el saludo a sus padres y demás familiares va alcanzando valores morales y espirituales, rasgos y patrones culturales, desde el nivel de confianza hasta la desconfianza con sus amigos aprender a través del juego dinámico divertido y motivador gozando de su niñes florida, impetuosa y petulante los mejores días que puede vivir todo ser humano está en la infancia, donde los anhelos y sueños hacen levantar su vuelo de la formación del individuo e integrante a la sociedad de forma íntegra y ubicarse en el nivel que corresponda.

La sociedad que forma y deforma que ayuda y destruye que motiva y desmotiva, fortalece y también cansa, pero al final somos parte de ella y a buscar nuestro lugar nos encaminamos, la sociedad; si no te ubicas en ella, ella te ubica en el lugar más alto, el más bajo o en el medio, pero todos alcanzamos ahí el niño luchando en una sociedad donde intervienen todos en su ser, en sus saberes y su forma de actuar siempre dirán algo del niño humilde e inteligente como del más callado, del que hablan más dirán que pasa por su elocuencia y del callado que su timidez lo agobia.

El medio social influye y te absorbe desde pequeño si te ven callado te aran Bullying, y si eres inquieto quizás aras bullying a más de alguno de tus colegas de estudio o amigo del barrio, pero ahí está el actuar de sus mayores para direccionar su conducta y se moldeen hacia las buenas prácticas dejando todo apatía y dirigirnos a la práctica de las buenas costumbre y hábitos inmersos en las nuevas tendencias de una sociedad llenas de cambios y trasformaciones continuas.

Golpe a golpe sueve o duro la vida te enseña, si tropiezas te golpeas y el dolor te causa molestia; Pero te levantas talvez no tropiezas de nuevo, ya que duele y recuerdas eso cada momento u olvidas bruscamente sin interés alguno al final cada individuo es libre con sus límites que la libertad trae consigo el

Aprendizaje que transforma. "a través de la superación de desafíos."

dolor es pasajero pero pueden quedar la nostalgia de la causa o efecto que lo provocó, la vida es así siempre se lucha desde temprano alcanzas algunas metas como todo humano, al final del camino aras tu texto paralelo de recorrido por la niñes y juventud en donde todo era algarabía y la motivación era tu melodía.

Un niño jugando tiene una mente motivada y un cuerpo relajado fuera de toda tensión, las estrategias de la vida tienen su similitud a las estrategia de cualquier tipo de juego donde el más entrenado ejecuta las acciones más apropiadas, recorriendo rápido moviéndose con habilidades atléticas, sin miedo a la fatiga o cansancio que siempre llega pero se sobrevive a l a través de una pausa o descanso para reincorporase con más energía, la motivación nos ayuda a aprender a aprender en todo escenario y momento de la vida.

¿Cómo se aprende a aprender cuando se es niño o joven? en mi caso cuando era un niño aprendía con mayor efectividad cuando estaba motivado ahora entiendo que hay tres grandes momentos uno de ellos es la comprensión vinculada a la motivación afectiva, una vez estoy motivado y comprendo la importancia e interés del tema que pretendo aprender a través del facilitador o del entorno que es lo que más me impresiona de la temática, para que me va a servir, a veces se suele aprender temáticas que pocas veces se ponen en prácticas.

En la educación media he hablado con estudiante que expresas las siguientes interrogante para que me va a servir este tema, será que lo ponga en práctica alguna vez en la vida, o solo es un conocimiento distractor o entretenedor del sistema, en si todos los aprendizajes tiene su nivel de relevancia, pero cada individuo tiene su propio talento y vocación en el cual se debe focalizar entonces si el aprendizaje no está vinculado a la vocación tendrá pocos beneficios aplicativos y efectivo el interés disminuye sin hacer ningún esfuerzo.

Mientras tanto si el aprendizaje está vinculado a la vocación este va brindar todos los frutos y cumplirá los propósitos que se desean y ahí surge el segundo componente que es el aprendizaje en la práctica, una vez alcanzado el conocimiento motivado con aptitud y actitud el ser se propone a poner en práctica lo que

Aprendizaje que transforma. "a través de la superación de desafíos."

le apasiona si su vocación es ser musico, eso es lo que lo ilusiona y lo hace enfrentar los desafíos de ese arte para salir adelante en cada instancia escalando poco a poco en cada etapa de la profesión y su rigor que esta representa, la vocación permite tener una mejor conexión este brinda un plus en su nivel aplicativo. El tercer componente es la transferencia de tareas a través de la experiencia adquirida en el recorrido convirtiendo este conocimiento en habilidades y destrezas que funcionan de forma rápida y automática y coherencia.

La lectura es viable aplicarla en todo momento a veces estamos estancando en ellas otras veces ni las señales de tránsito se leen cuando los accidentes nos asombras es viable orientarles a los niños el aprendizaje de la lectura con disciplina y tenacidad para cultivar lo aprendido, obteniendo grandes resultados en todos los niveles de la lectura, manejando un nivel de autodidacta desde la infancia se puede alcanzar ser un gran expertis en el tema que le atrae y motiva.

Lleno de nostalgia me inspiré a escribir este poema que recalca la importancia de reencontrarnos con la lectura y animarnos cada día al mundo de los aprendizajes autónomos y autodidactas.

Vuelve a leer.

Vuelve a leer, la decadencia de la lectura,

Influenciada por la era digital

Aprendizaje que transforma. *"a través de la superación de desafíos."*

Dejando lejos las prosas, los versos.

O del modernismo de Darío.

Que aun brillan en el diario.

Leer es enriquecer.

Tu alma, tu mente, y tu espíritu.

Que diría García Márquez o Vargas Llosa

Al quejarse cuando pocos leen su prosa.

Leer es volver a ver las historias

e imágenes en tu memoria.

Pensadas por sus escritores

Si lees la biblia ves lo divino.

Y te conduce al buen camino

Vuelves a leer los autores

Que te enseñan a crecer.

En el infinito mundo tecnológico

Lees lo bueno, lo lógico

Te hará analizar

A aprender el camino de innovar.

Vuelve a leer...

El encanto alternativo de los conocimientos.

Todo lo existente en nuestro entorno y universo tiene un encanto normal y un plus encanto que lo he llamado encanto alternativo, como todo tiene un proceso extraordinario, los encantos alternativos del conocimiento no se quedan estancados en ese tan precoz dilema, reflexionando piensa ¿qué es lo que más te motiva? ¿qué mueve tu alma? ¿Qué te ilusiona y apasiona? En las respuestas que tu des ahí está tu gran fortaleza y ese es el camino que debes seguir, por es lo que más te emociona por lo cual tendrá grandes habilidades natas en estas actividades, ya que te salen del alma las acciones.

Que importante es encontrarte a ti mismo ha ese ser productivo que capta ideas con las oportunas facilidades del entorno, al no hacer lo que te apasiona te frustrarás y no entenderás lo resultados esperados a menos que realices un supremo esfuerzo encaminado a los logros y a las competencias planteadas en lo esquemas tácticos que exigen un desarrollo cognitivo evidenciado a la productividad.

En esto surge la educación alternativa que viene a abrir los espacios para darle el lugar que se merecen a los talentos que posee cada individuo no importando la edad, el sexo, la religión su clase social, ni el escenario donde se desempeña, en esto lo más importante es que cada uno descubramos cual es el verdadero talento y sobre todo lo pongamos en-práctica a veces algunos seres humanos llevan sus talentos a la tumba y nunca lo lograron compartir y recordemos que en el compartir están los verdaderos frutos de ese talento.

La situación esa crítica cuando el ser no se ha encontrado el mismo, si no que anda divagando en un mundo en donde no es el que sus sueños y metas que añoraba desde su niñez florida, fructuosa y llena de gozos en donde las andanzas vitales eran las que dominaban a la persona

Instruida y no instruida, las bases fundamentales de todo ser están en la niñes llena de inocencia en donde los saberes son más factibles captarlos algunos hasta llegan a decir que son natos pero la verdad es que esa actividad que realiza es la que apasiona y alimenta el alma, revive los espacios y trae calma.

Aprendizaje que transforma. *" a través de la superación de desafíos. "*

Cada faena tiene algo que impresiona y motiva a los receptores e ilusiona a los emisores

En todos los eventos realizados por todo ser humano desde su niñez hasta su vejes marchita y llena de experiencias y saberes, cierto día conversé con un sabio anciano en cuya cabeza los cabellos blanqueaban por su avanzada edad lleno de cansancio y de experiencias el señor me expresó que lo que más vale es la primera y última impresión de toda y cada una de las acciones que realicemos en nuestras vidas.

Cada año que ha pasado en la vida y recordado es más que una estudio llenos de consejos e ideas insuperables, acompañadas de historias y leyendas que distraen la mente y nos hace imaginar y recuerden que el despertar la imaginación anima y reviva la creatividad social, a cuantos de los seres humanos le han matado la creatividad, en diferentes escenarios, por lo cual debemos estar preparados para no permitir que eliminen en absoluto de la creatividad relativa, la que hace inspirar a más de alguno de los seres, ya que cada día trae consigo una razón lógica de ser y de desempeñar las actividades con el mejor aprendizaje practicado.

Cada cabello tiene una anécdota o lección que contar, en los nuevos esquemas hay que cultivar los aprendizajes brindados por nuestros sabios ancianos y cultivar los conocimientos holístico desde lo más dentro de la cosmovisión de los pueblos lleno de saberes aptitudes y en cada una de sus operaciones y acciones encaminadas al progreso cotidiano, amando a la madre tierra que nos alimenta desde su más íntimo seno desde la fertilidad productiva hasta los campo arcilloso pero ricos en minerías.

Los aprendizajes dependen del contexto y de las necesidades de las comunidades si una comunidad necesita agrónomos ahí se debe vincular el aprendizaje considerando las habilidades natas del ser, en cambio hay zonas diversificadas que necesitan diversas ciencias del conocimiento para alcanzar la autosostenibilidad y sobre todo la disponibilidad.

Un joven llamado jacinto viajó a estados unidos en busca de nuevas aventuras hacia el sueño americano. La travesía fue difícil cruzando la frontera de cada país centroamericano y el país azteca para llegar a la gran nación de los soñadores y emprendedores de nuevos desafíos y retos ambiciosos, empezando de la capital la gira comenzó la gira en tiempos de invierno, las fronteras de los países centroamericanos cruzaron sin novedad después de más de diez horas por los atrasos enfrentados en el sinuoso camino.

Jacinto logro llegar a México enfrentado muchas dificultades económicas por falta de dinero este joven se agotaba, una de las tardes se sentó a reflexionar y meditar que hacer para apalancar tal situación, y comenzó a idear un plan resulta que en su natal nicaragua él había aprendido a tocar guitarra y cantaba algunas melodías, comenzó a preguntarles a las personas que le rodeaban; ¿qué donde podría encontrar una guitarra? Estos comenzaron a preguntar en unas casas vecinas donde estaban albergados de forma sigilosa.

De pronto lograron que un señor de avanzada edad en horas de la tarde les trajo una guitarra en buen estado y jacinto muy emocionado agradeció profundamente al señor deseándoles muchas bendiciones y dejando caer algunas lágrimas de su rostro conmovido por el momento sollozante de alegría no hacía más que reír de entusiasmo, que transformó sus deseos de salir adelante en un nuevo reto, y ahora más comprometido y con su mente diciendo manos a la obra.

El entusiasmado pensó el día de mañana me levantaré temprano e iré a la plazo para comenzar a cantar y tocar algunas melodías una y otra vez y poder recolectar el dinero que tanto necesito y también apoyar al grupo que está en el albergue, todos se acostaron jacinto se acostó de último meditando que melodía cantaría de primero ,para él fue una noche extensa, al fin amaneció comenzó a alistarse muy temprano y también la preparación psicológica y emocional para sentirse como cuando cantaba en su humilde barrio donde vivía.

Se encaminó a la plaza a seguir su misión de poner en práctica los aprendizajes alcanzados desde el seno familiar, ya que su papá tocaba bien la guitarra y de vez en cuando cantaba su melodía por los atardeceres, llegó a la plaza y se ubicó en un lugar que él consideraba apropiado por el paso de las personas para que colaboraran con él y comenzó a cantar alegremente la primera canción.

Los transeúnte se comenzaron a detener para escuchar al extraño muchacho que se confundía entre los aztecas y estos comenzaron a apoyar al artista que lo hacía con el corazón, esta rutina se repitió una y otra vez.

Al finalizar la tarde llevó al albergue cierta cantidad de dinero que resolvió para el sustento de él y de los que le rodeaban y estas actividades se repitieron por muchos días hasta por fin haber recaudado una buena cantidad para seguir rumbo al norte, que era su misión inicial.

Un día más en el paraíso.

Aprendizaje que transforma. " *a través de la superación de desafíos.* "

Un día más en el paraíso
Todo lo que ocurre Dios quiso.

En las tardes de verano
Como en los días enteros

El gélido invierno, cansado
Como lleno de fuerzas.
Lleno de alegrías, como frustrado.
Al final todo tiene un objetivo.

Seguir adelante
Ya que nos espera un largo recorrido
La vida sigue unos se van y otros quedan.
Solo la angustia queda de lo sufrido
De todo lo negativo que ha ocurrido.

Conciencia y sensibilidad.

Cuando estas consciente de emprender una meta y comprender los conocimientos alcanzado de diversas maneras o quieres iniciar el proceso de aprendizaje e iniciar uno o varios desafíos, hay algo que te motiva siempre llega al alma como saeta y da vigor de poner los pasos firmes en ese propósito y sientes un gozo hacerlo encaminado al servicios de las personas que nos rodean, porque no puedes tener conciencia si no ayudas a tus semejante en lo poco o bastante y la ayuda no es simplemente económica si no espiritual o motivacional.

Una vez que tienes o no conciencia surge la actitud esto nos permite actuar de una u otra manera, dependiendo al enfoque que tengamos y la idea que nos permite seguir adelante, las acciones conforme las experiencias y las estrategias son grandes aliadas para obtener resultados propicios.

La conciencia toca tu punto sensible de tu ser que te permite autoevaluarte si tus acciones son o no las indicada a través de la experiencia particular a si se comprendo puede que algunos estén o no de acuerdo pero eso es normal en los esquemas sociales del aprendizaje eso fortalece las ideas críticas y autocritica.

Las habilidades son influenciadoras tenaces en todas las acciones que ejecutemos en las operaciones cotidianas en todo y cada uno de los escenarios en donde nos estemos desempeñando si eres hábil en ciertas actividades esto facilita que estas acciones se realicen con calidad y calidez debido al espiritualidad y sensación que se le imprime a cada actividad, esto es como un plus o valor agregado que actúa a favor por ser habilidoso si no ser habilidoso en un determinado oficio se puede alcanzar el aprendizaje para realizar el oficio poniendo empeño y práctica.

Es desafiante en todo momento participar en resolver retos y sobre todo alcanzarlo al hacer esto te sentirás realizado y tu nivel cognitivo será fortalecido de forma sistemática desechando conocimiento y acciones que ya están un poco desactualizada de acuerdo al contexto tecnológico en que nos estemos desarrollando, la globalización y la era de la tecnología está cada vez más al alcance de todos y cada uno de los individuos de la sociedad transformando algunos pensamientos, pero esto nos hace reflexionar a tener cuidado de no ser absorbidos por la tecnología.

Que la tecnología sea siempre una herramienta de alto valor en cada proceso de aprendizaje, y actividades sociales aprovechándola las ventajas que conlleva su aplicación para facilitar todos los procesos vinculados al ser y al hacer.

Cuando abrimos ojos cada mañana nos encontramos frente a nuestro entorno es decir lo exterior lo que nos hacer seguir adelante y hacer un autoanálisis de cómo estamos, que estamos haciendo, y que pretendemos hacer nos evaluamos desde nuestro interior y lo exterior como dos naturalezas diferente en nuestro propio hogar percibiéndose mutuamente como dos individuos en un mismo ser aliados del destino como un guerrero y su espada que nunca la abandona y es su acompañante eternamente incrustado para evaluar la situación interna y externamente y posteriormente actuar con metacognición que encadena una serie de acciones de acuerdo a la necesidad y carencia de aprendizaje reflectivo.

El vigor al atardecer desvanece, pero al amanecer se fortalece ahí todas las esperanzas suben de nivel y usualmente quedan balbuceando en los oídos, llenándonos de maquinación cerebral Al llegar al descanso por la noche y posteriormente estando dormido llegan momento de insomnios que entre pensamientos desoladores, como alentadores donde surge la pregunta que hacer el día de mañana.

Nos hemos planeando en nuestros sueños estrategias que inundan el cerebro en busca de buenos resultados en las actividades operacionales vinculadas al ser, inmerso al interior e influenciado con el exterior que nos envía al imperio de las especulaciones internas que convoca el insomnio fatigados.

Difícil la lucha interna con su propio yo, decía un abuelo cansado por el insomnio nocturno, que cuando la edad avanza se duerme menos y se reflexiona más, los pasos son lentos al caminar y la memoria trae todos los recuerdos las metas alcanzadas como las acciones frustradas dándole gracias al creador por todo lo alcanzado, por las sabias ideas que se han pensado y ejecutado ,las gratas nostalgias de todos los manjares disfrutados, como las luchas ganadas o perdidas pero la carrera se acerca a su final y la conciencia tranquila después de pedir perdón por las faltas cometidas en largo camino de la vida.

La vida como una gran escuela donde se aprende a través de la práctica, incluyendo la distinguida prueba y error, como también en los centros de educación que son vitales y alentadores en todas las acciones en verdad todo está transformando la tecnología casi de todos se está encargando, lo cual nos insta a prepararnos cada día me decía el anciano muy inquietamente mientras tomaba su taza de café, saboreándolo dulcemente viendo el sol al ocultarse detrás de la montaña.

La clave de la vida es ir paso a paso cumpliendo cada misión creando y recreando los nuevos escenarios, para no quedar atrapados o estancados en el tiempo dejar que todo fluya sobre todo lo que nos motiva y cautiva para hacer de la vida un esquema más práctico, las motivaciones nos ayudan a revitalizar la mente y el alma esto fortalece al ser y evita el estrés Las primeras luchas que se deben vencer son las luchas internas que tienes en tu propio ego, venciendo estas luchas, estas preparados para desafiar todas las oportunidades externas y obtener un resultados oportuno.

Un mediodía nos reunimos un grupo de jóvenes para realizar un trabajo en equipo asignado en el colegio era un tema relacionado a ciencias naturales meramente el tema relacionado con los pasos del método científico y la experiencia que me gustó es el nivel de curiosidad que teníamos los jóvenes, al hacer algunos experimentos, la curiosidad es interesante, tomarla en cuenta, ya que despierta interés cuando deseas aprender cualquier tipo de tema desde entonces considero de gran importancia la motivación y le doy el lugar que merece tratando de automotivarme y motivar a otras personas.

Lo más difícil es desmotivarse en cualquier acción, a meta que pretendemos u nivel académico que queramos alcanzar, nada es fácil todo tiene un reto, un desafío retórico, un cansancio, un gozo, pesar, alegrías, reflexiones, frustraciones, y triunfos.

Los triunfos contribuyen a la mente y el corazón aparentemente puedes darle poca importancia a cada uno de los componentes anteriores pero en verdad tienen alto valor y su nivel de alcance son indescriptible todas las formas dependiendo de los distintos oficios que al cometer errores puede superar estos y salir adelante, no debemos de asombrarnos al tener frustraciones pues estas nos ayudaran a darnos experiencias y nos transformaran para próximas acciones y mejoraremos paulatinamente.

Cada vez que nos reunimos un grupo de personas tenemos un propósito que nos cobija una razón por la cual nos atrae la reunión el abordaje de un tema determinado o dialogar asuntos personales en esto siempre requerimos de un ámbito de comprensión e interpretación para entendernos y participar activamente en el desarrollo de la reunión aprender el tema, que se puede compartir con otra persona siempre y cuando se considere que le será de beneficio de esa forma estemos aportando al nivel cognitivo de nuestro entorno.

Los aprendizajes moldeables de acuerdo a los escenarios.

Ciertamente es inevitable dejar de comentar la trascendencia que tienen los aprendizajes cualquiera que estos sean, y en el escenario en donde sean protagonistas y cautivadores de historias con resultados de éxitos pero también hay aprendizajes que fomentan historias negativas que talvez causen daño a los seres que rodean al que está aplicando este aprendizaje, por ejemplo el aprendizaje que adquieren las personas que se dedican a la delincuencia ese aprendizaje es negativo este se puede transformar a través de un proceso que no es de forma rápida, es un proceso lento y sensibilizador para que estas personas cambien su rumbo y su forma de actuar con acciones y aprendizajes que modifiquen sus acciones futuras.

El que se dedica a realizar acciones negativas que afectan a la sociedad tiene una causa que quizás no sea justificable, pero si tratable con el fin de atender estos son escenarios latentes en todos los pueblos del mundo de una forma original en cada territorio de acuerdo a su cultura y forma de vida inmerso un conjunto de factores sociales, educativos y económicos Pilares fuerte en una sociedad que desea siempre alcanzar superación cada día sea a corto o a largo plazo.

Es sustancial cada situación en los escenarios educativos sean estos escuelas primarias, secundarias, o universitaria, los aprendizajes se moldean de acuerdo al contexto aplicativo y los cambios a través de las nuevas tendencias tecnológicas de la actualidad enfrentando desafíos en el día a día vinculando los métodos de enseñanzas a nuevos constructos cognitivos no se puede estancar ningunos de esos elementos, ya que la marcha debe continúan avanzando armoniosamente y de forma holística con todos y cada uno de los actores sociales y educativos.

La escuela primaria recibe a los niños de la familia u hogar como referente educativo en donde se inculcan los valores morales y espirituales con su propia costumbre y tradición familiar, la escuela los recibe y los va adatando poco a poco al sistema educacional con aprendizajes previamente orientado y bien pensado por personas expertas del área educativa pero que en esto deben participar activamente la comunidad educativa para que estos propósitos planteados puedan surgir efectos positivos para moldear los aprendizajes al rumbo que se pretende de forma unánime integrados como equipo sin distinción alguna.

Los niños activos llegan emocionados y muy motivados lo cuan es aprovechable como cuando un productor va a realizar su siembra en campo fértil, los niños se acercan a la escuela con una mente fresca con creatividad y con mucha energía por lo cual la reflexión está en que la creatividad de este con sus talentos que trae se debe conservar, fortalecer y proyectar cada día de acuerdo al desarrollo que va alcanzando al pasar de los días meses y años sin ignorar ninguna etapa y acciones que se estén implementando.

Eso me trae a la memoria cuando fui un muy pequeño en mis años de primaria la emoción y motivación dominaba mi ser, cuando llegaba el fin de semana quería que este terminará pronto para ir a la escuela el lunes, este era mi situación, aunque vi desmotivación en algunos niños por diversas causas de índole social, económica y de integración familiar cuando estos elementos están fallando quizás la creatividad de todo niño o niña sea disminuida y frustrada

El sistema educativo da la lección en la escuela, y la familia en el hogar aplica todos los elementos para sacar adelante a la familia como núcleo fundamental de la sociedad, esto no puede ser superado por ningún otro tipo de esquema del modernismo que se halla creado o se esté por crear, en la familia se hace el esfuerzo de formación de valores y principios morales y espirituales de forma empírica, siendo la familia la primera escuela

¿por qué los padres y madres no han recibido un curso para ser padres, para llenar de fortalezas a la familia? buena pregunta para reflexionar que sociedad está desarrollando y quienes están formando a esta nueva sociedad.

Sección IV APRENDIZAJE INTERCULTURAL.

Desde nuestros orígenes.

Los pueblos afrodescendientes lleno de una riqueza cultural indispensable para conservar cada día, a pesar de los vaivenes de la transformación social, cada comunidad tiene su propia razón de ser y su identidad cultural, su forma de actuar, su forma de alimentarse de recrearse y lo que más me llama la atención es la integración desde su cosmovisión de los sabios ancianos que siempre tienen algo que enseñarnos desde su sencillez o trascendencia cultural en todos los ámbitos el respeto sobre los orígenes de los abuelos; nos han inculcado como aprender desde la cosmovisión del campo, de los ríos, la pesca, el vivir con la naturaleza, y cuidar a esta como una madres cuida y protege por sus hijos.

El recorrer los bosques día a día y familiarizarse con los árboles, tratar la tierra de los ancestros como sitio sagrado, ninguna tecnología los puede hacer cambiar de opinión para ellos la prioridad es los orígenes de los cuales considero que debemos aprender cada día sus tradiciones, y forma de vida y cultivar esos saberes para que no se pierdan en el horizonte es como un patrimonio viviente en la costa de nicaragua lo que más me impacta es el enfoque sostenible y el manejo de la naturaleza sin obviar que siempre llegan otros grupos con otras prácticas que afecta el medio.

Desde la raíces de cada comunidad que se asienta cerca del rio o del mar y aprende a pescar y cazar; tierra del rondón y palo de mayo solemne canto que llena de gozos a los pueblos en el mes de mayo con una práctica muy coloquial que siempre se hade admirar, una vez hice una gira para entrar a lo interno de las comunidades y observé que son artes, pintadas en un lienzo muy pintoresco que nuca debemos de dejar en el olvido, su concejo de ancianos, sus autoridades, desde su propia idiosincrasia popular que estructura e integra una sociedad bien organizada, el punto de partida es autosostenerse desde su propia comunidad pero relacionándose con las demás comunidades de forma holística es decir varias culturas en un mismo pueblos.

Sin olvidar que los aprendizajes aun idos transformando estas culturas y tradiciones, pero persisten sin importar los grandes desafíos actuales que esta enfrenta, en los diferentes contextos por ejemplo en el contexto escolar de los niños y niñas las brechas son difícil para alcanzar igualdad, pero se está trabajando muy positivamente eso no se descarta, se lucha por el contrario la pobreza, marginación infraestructura, luz agua, internet, alimentación, religiosidad y empleo.

Es vital reflexionar que se está avanzando los pueblos, lo expresan desde su humildad y humanidad, otro elemento es las luchas por la desvalorización de la cultura la cultura de los pueblos caribeños y naciones indígenas tienen un alto valor cuyo precio social es incalculable es necesario tener sensibilidad y aprecio a estos pueblos y fortalecer el autoestima, la seguridad de sí mismo e interrelacionarse con las demás comunidades sin sentirse menos que nadie simplemente hacer la labor social y culturar que corresponde desde la contextualización, ya que cada uno tiene su propio esquema de operaciones y forma de actuar.

Es transformador disminuir las diferencias sociales, culturales raciales y de discriminación hasta el máximo de las posibilidades, para aplicar en su máxima expresión la palabra holística y la transculturación con el sano propósito de fortalecernos cada día y hacer un mundo más justo sin descuidar el cuido de la madre tierra herencia que nos dejaron nuestros antepasados y dejar una herencia a las futuras generaciones apropiada llena de hermandad y socialización mejorando paulatinamente y superando las múltiples dificultades enfrentadas en cada una de las comunidades con vigor y energía ancestral.

Como entender la forma autentica de pensar y la cosmovisión de cada comunidad y como integrar en un solo esquema social respetando sus diferencias culturales y sociales, pero fortaleciendo la forma de pensar y de actuar y transformarse cada día positivamente sobre el bien común expresados desde sus propias entrañas de sabia sangre indígena o mestiza en un solo bloque para alcanzar las metas del desarrollo social.

Cierto día estuve hablado con el Evaristo el doctor Hernández un amigo y compañero de andanzas educativas él es originario de san Ramon por donde está ubicada una comunidad indígena y manifiesta que sus ancestro son originarios de esa comunidad o nación indígena es decir él, se siente parte de ella aunque emigró de esta a temprana edad a enfrentar sus retos y metas personales desde su sencilles y humildad a pesar de tener un doctorado de educación el comprende la interculturalidad como la mezcla de cultura de diferentes regiones del país y del mundo existe que el término inculturación y aculturación que también viene siendo cultura de otro grupo hablante o tribal muy respetado en sus ámbitos sociales del país.

El lenguaje no importa si fuera el idioma pero la interculturalidad son los diferentes grupos que conviven en una misma comunidad y defienden sus mismos intereses de forma común como sucede en este caso de la región de la costa Caribe en el caso de las aulas de clase puede haber deferentes culturas dentro costumbres aprendidas desde el seno familiar, no importando la clase social, claro muy distinto a las aplicadas en la zona del caribe ya estas se ven desde la cultura familiar y los caribeños se ven desde el punto de vista comunal, la forma de obtener las propiedad es distinto y su perspectiva de como se ve el horizonte y el mundo que les rodea es diferente en cada uno de los ámbitos.

La forma de pensar también cambia de acuerdo al contexto, ya que lo han aprendido en la familia de generación en generación el lenguaje, las tradiciones, las costumbres, su forma de alimentarse y divertirse en las diferentes épocas de año aunque aparentemente se ve como que estuvieran la misma característica pero no tiene las mismas características son diferentes es decir cada territorio tiene su propia particularidad en su forma de actuar y su aspecto físico unos son pequeños otros blancos, unos morenos, altos, los acentos difiere un poco de acuerdo a cada zona en el caribe tiene su lengua materna, además hablan el inglés y aprenden el español con su propio estilo.

La misma aculturación que ha venido llegando y transformando la forma de vida de los comunitarios de diversas maneras esto no es malo siempre y cuando se autogestione de la forma más indicada conservando las raíces que son la razón de ser de todo grupo social con su propia cultura y forma de actuar es con los fines de fortalecer los niveles culturales no con propósitos de absorber, porque a veces este el temor de estos grupos que vallan desapareciendo poco a poco pero hay que protegerlos y cultívalos, aprender su forma de actuar en los diferentes escenarios apoyarlos paulatinamente y evitar la marginación de toda índole a veces hasta la propia auto marginación.

Las poblaciones de la costa caribe de nicaragua tienen su forma muy original de aprender desde niño aprenden a salir al campo a cazar, pescar y a cultivar la tierra cuidando la naturaleza aprenden a leer, pero hasta ahí en algunos casos, los niños costeños aprenden con la metodología intercultural bilingüe. Ellos van construyendo el lenguaje desde dos direcciones lingüísticas a través de un proceso desde el seno familiar, comunitario y escolar, van adquiriendo valores habilidades y destrezas, conocimientos y conductas que van formando al joven ciudadano desde sus orígenes con sus propias características que definen su identidad a través de la culturación.

Las experiencias transmitidas por los mayores, forman las lecciones de aprendizajes por tradición de padre a hijo es decir se comparte de generación en generación y de forma bidireccional el padre aprende del hijo las nuevas tendencias y el hijo aprende del padre lo pintoresco y tradicional que suelen ser reliquias que jamás se deben de ignorar, esto se debe de fortalecer a través de las nuevas visiones que trae el joven cuando adquiere estudios universitarios con las dos universidades caribeñas que surgieron del seno de los hermanos costeño: URACCAN Y BICU templo de la enseñanza superior que han fortalecido nuestra región con sus prácticas pedagógicas y su modelo intercultural.

Estas dos grandes universidades han ayudado a la transformación profesional de los pueblos caribeños con las cuales la población costeña y nicaragüense se sienten identificadas, ya que estos centros son la raíz profunda de la educación superior de estos territorios, en lo particular me siento identificados con estas universidades por el modelo de interculturalidad cada una desde su propia perspectiva universitaria y su forma original de gestión educativa.

La integración equitativa en las diversas culturas.

¿Cómo integrar de forma equitativa las diversas culturas? Es un difícil reto que no se logra de un día para el otro, pero se puede empezar con intercambio de experiencias constantes donde cada miembro participante debe estar abiertamente a aprender la otra cultura de la cual se le está compartiendo ciertas experiencia y forma de vida en sus diferentes contextos que desarrollan, haciendo detenidamente un dialogo de saberes y construyendo buenas relaciones sociales manejando un gran nivel de tolerancia entre la diversidad de ideas que cada comunidad posea.

La equidad es un elemento valioso muy bonito de pronunciar pero muy difícil de practicar porque lastimosamente el que claudica equidad tiene ideas de superioridad esta idea la escuchaba de un anciano ansioso de que existiera igualdad en todas la comunidades, ante la ley somo iguales pero culturalmente debemos de luchar por los desafíos de las diferencias interculturales del mal de superioridad que pueden tener algunos miembros de la sociedad, en este sentido la vida hay que humanizarla más, no es posible que una persona humille a otra y la persona humillada termine aceptando la humillación y agradeciendo a su humillador.

Esta sociedad nos trae grandes sorpresas que a veces es difícil de comprender, como es difícil de entender las diferentes culturas existentes con su propia forma de actual pero focalizada en la sociedad que permite el desarrollo social y económico del país propicia y perdurable que son una riqueza insoluble y un tesoro de toda una sociedad eliminando todo estereotipo y prejuicio que puedan tener a cerca de la inacción.

Los más viable que se espera es la sensibilización y los buenos deseos que las diversas culturas se terminen aceptando como una sola cultura dentro de la riqueza cultural esto puede ser el producto de la comunicación directa y bidireccional o multidireccional aplicando el principio de una sola sociedad sin rencor alguno, con sentido de pertenencia y con una autoestima con los más altos estándares mejorando la calidad de vida y la participación en los diversos trabajos en equipo esto influye en la productividad en las diferentes prácticas laborales que desempeñe cualquier comunidad.

Sección. V   LA VIDA UN REGALO DE DIOS.

1. ¿Qué es la vida?

Para el arquitecto la vida es un hermoso diseño estructural en donde cada cosa esta ubicada en los lugares indicados para formar la imagen esplendorosa, en donde soporta cada el peso en la edificación sostenida por cada columna o varias formando el peristilo, adornado por el capitel, que conecta a los fustes cerca del arquitrabe con lindos detalles sostenidos con las columnas muy bien fortificadas, con concreto y acero de buena calidad, al final todos los componentes mencionados y no mencionados forman una reliquia arquitectónica con gran vistosidad, que todos admiran a si es la vida que cada quien construye dependiendo del diseño de cada uno de los seres humanos para tener una razón de ser.

La vida del arquitecto se hace sentir a través de sus obras, sus diseños sus logros y alcances ante la sociedad mientras mejor sea sus majestuosas obras, aunque la sociedad no toda estará conforme por que los gustos son diferentes y no a todos les agradan todas tus obras con grandes aciertos y algunos desaciertos lo interesante es el desempeño que se realice.

Es vital el diseño que vallas moldeando en tu vida con tus acciones y conducta ante la familia la sociedad amigos y sobre todo con tu ser, con la conciencia es decir la vida es un verdadero diseño de arquitectura con sus llamativos colores y estructuras donde se trabaja cada día Para mejorar paulatinamente sin menospreciar las demás estructuras que poseen sus propias características individuales de acuerdo a cada ambiente o suelo en donde este asentada, cumpliendo todas las normas costumbres y tradiciones existente en el ramo de la construcción.

La vida desde la sencillez hasta el inevitable esplendor y elegancia hade cuidarse y cultivarse cotidianamente sin escatimar el menor de los esfuerzos en la sociedad, poniendo con ímpetu el nivel de comportamiento de una forma benigna y obteniendo cada día los aprendizajes que se necesitan para ir transformando ese diseño en una gran obra de arte con valores incalculables y que el ser humano no puede descifrar los misterios que están en el entorno de ese elemento valioso se ha llamado y se llamará vida.

La vida para un agricultor es un proceso de sembrar y cultivar las plantas o cultivos y al terminar el ciclo productivo ver los frutos y recoger la producción para llevar el sustento a la familia y la secuencia de este proceso continua lo más maravilloso de la vida para un agricultor es ver crecer las plantas ir desarrollando poco a poco visualizar la floración de sus plantaciones, hasta verlas producir, esto suele ser el mérito más grande que Dios a permito a los héroes de la patria, en los verdes campos que huelen a vida, olor a tierra mojada, el sacrificio que realizan este grupo social para alimentar a toda una sociedad con sus diferentes productos agrícolas.

Aprendizaje que transforma. *"a través de la superación de desafíos."*

La sociedad tiene una deuda histórica a la gente que produce sus tierras cada día para ayudar a la familia y ser el sostén alimenticio por lo cual la sociedad tiene un gran agradecimiento por el desempeño agrícola de los reyes del campo llenos de vigor y de trabajo siempre productivos que alimentan el alma y la mente para seguir adelante cada día sin bajar el entusiasmo, aunque el cansancio y sacrificio superen los niveles los avances continuaran siendo los mejores.

Al platicar con un productor me comentó que cada año es una historieta que contar en la agricultura y agradecer a Dios por su respaldo con el clima y que todas las cosas en el proceso se ballan acomodando para que las metas se vallas hilvanando poco a poco, aquí no todos es fácil y sencillo todo tiene un grado de complejidad, a veces las lluvias traen sorpresas o las sequias se prolongan y espantan los ánimos todo lo que se necesita es un equilibrio que llamamos armonía, sobrevivir a todo, escuchar el canto de las aves por las mañanas observar los árboles florecer con vistosos colores o ver los árboles caer cuando las raíces se desprenden o cuando un motocierrista lo tala, algo negativo que suele suceder de vez en cuando.

Las plagas atacan las siembras, la lucha es constante, los ríos crecen por el invierno, y se inundan los cultivos, dice el productor era de esperarse hemos invadido la zona donde posa

106

lentamente el río, el consuelo de ver todo desarrollarse con éxito y proseguir con la misión de tener los alimentos en el tiempo oportuno para llevarlos a la ciudad y obtener dinero para adquirir los productos que no producimos en nuestra comunidad, la vida es así, sonreír es inevitable cuando alcanzas lo que has pretendido al inicio el ciclo productivo, pero al final se logra más que lo esperado a eso le llamo satisfacción.

La vida es un gran motivo de aprendizaje en todas las circunstancias y procesos que pasamos desde muy pequeño, todos los escenarios y anécdotas vividas, van formando al ser y transformando nuestra conducta en cada hecho que suceden en cada acontecer, las situaciones por muy complejas o sencillas poco a poco tejen al humano las complejas enseñan a ser fuertes y las sencillas brindan confianzas al realizar cada una de las acciones.

Los niños y niñas tienen muchas historias ocultas que contar desde su humildad más grata o de los momentos de rabietas donde suele ser inconsistente por su forma de actuar pero que al final el padre madre o tutor aconseja para corregir la forma de actuar del niño o niña esto con el fin de mejorar el comportamiento, para el niño una experiencia que se va recordando en el transcurso de la vida aunque sean cosas positivas y negativas de todo esto se aprende ya que la vida, se suele definir como la gran

Universidad en donde asumimos diferentes retos y cada uno tiene su propio valor y nivel al cual podemos superar o estancarnos.

Cierto día un niño agotado después de venir de la escuela pacientemente reflexionaba, que ¿cuál era la razón de ser? de su existencia por qué tanta flojera tenia a veces y en ciertos momentos vivía muy contento, porque hay niños que sufren más que otros, y otros no sufren del todo a simple vista, quizás tengan otros tipos de sufrimientos que no podemos visualizar el niño decía que puedo hacer señor para mejorar esta situación o no podemos hacer nada se preguntaba cuidadosamente.

Duele mucho escuchar reflexiones venidas de un niño preocupado por la injusticia social desde ese punto de vista, en todos los grupos donde él jugaba o frecuentaba siempre había un niño al cual por su sencilles siempre molestaban y los demás niños trataban de disminuirlo y hacerlo que se sintiera mal, es claro que esto afecta la parte psicológica del niño, pero lastimosamente en la sociedad hemos descuidado estos sucesos que casis los adoptan como normales.

Aprendizaje que transforma. " *a través de la superación de desafíos.* "

Las situaciones de injusticias social son notables en todos los extremos del país, en el campo, las ciudades poco a poco se van convirtiendo como costumbre, en el campo suele mostrarse de forma distinta, que como se muestra en la ciudad por ejemplo muchos niños en las calles alegres y otros triste así es la vida, no a todos tiene los mismos destinos y bondades de una sociedad, el único que nunca desampara a humanos es Dios esa es la mera verdad dice un niño mientras comían una pieza de pan que le regalaron en la esquina del mercado que lo hizo feliz mientras satisfacía el hambre.

La vida nos brinda el tiempo necesario para luchar y el aprendizaje nos da muchas herramientas para vivir luchar y alcanzar cada una de las metas soñadas desde pequeños, porque a cada uno de los seres senos brindan oportunidades de distintas maneras y los afanes para cada quien son diferentes lamentablemente no todas las personas logran sus objetivos de vida que se han propuestos; por algunos obstáculos para los cuales no estaban preparados, esto indica que cada uno tenemos nuestros propios límites y los primeros obstáculos que debemos superar son los males que no agobian cada día.

Muchos seres miden la felicidad por la acumulación de bienes y riquezas en esta tesis o idea hay versiones encontradas si bien es verdad que los bienes facilitan elementos para seguir adelante pero la felicidad y tranquilidad va más allá de los bienes que poseas esta más llena de convicciones y se vive por momentos oportunos y propicios que se escapan con rapidez esos momentos se deben de captar para llenarnos de vigor y fortalezas y seguir esto es como una vitamina para el paciente que aun camina.

La calma es un buen elemento guardado en la caja de herramientas emocionales para alimentar el alma y solventar el corazón que envía señales constantes a la mente ¿qué está pasando en tu entorno de vida?, y que estas aprendiendo para sobrellevar de la mejor manera las faenas suaves y duras? y así servirles a todos los seres que siempre han estado colaborando con las actividades que nos incumben y que contribuyen al ser.

Los tropiezos se presentan en todos los sitios que frecuentamos y el cuidado es medular a veces debemos de desarrollarnos finamente para no afectar a las personas del entorno, desde chicos se nos presentan rabietas y luchas cercanas y peleas infantiles que lo mejor es apartarse de esas luchas para no salir afectado psicosocialmente, mejorar los niveles de conducta y seguir los caminos del bien considerando las practicas observadas como experiencias ganadas que ayudaran en la formación del ser.

Las sorpresas en la vida de un niño existen y suelen tener proporciones negativas y positivas altos y bajos como las olas del mar o un poco pasivas como las olas de los lagos, hay niños calmos y otros hiperactivos, niños coléricos o flemáticos, todos con su forma original de comportarse estos conductas dependen del entorno donde se desarrollen y los niveles de influencia que esta tenga, además la tecnología de qué manera aporta al comportamiento y como aprovechar esta valiosa herramienta.

Sorpresas como conocer a personas que no te imaginas conocerlas pero que en tu vida de niño han ayudado enormemente para la formación espiritual, cívica y social, y cada una de las personas con las que nos hemos encontrados nos han dejados múltiples aprendizajes, de cada ser humano se aprende de acuerdo a su propia realidad y forma de vida, pero lo importante es que cada ser que nos ha rodeado nos ha dejado lecciones que recordamos cuando vamos desarrollarnos hasta llegar a avanzada edad en donde nuestro conocimientos se disipen como aromas de flores en el verano.

Desde pequeño uno tropiezas en diferentes piedras que nos enseñan a tener cuidado para evitarlas en los siguientes pasos que nos hacen avanzar a pesar del llanto y el dolor que nos cause por los dolores que cause las caídas, pero satisfactorio que de cada tropiezo y caídas podamos levantarnos con ímpetu, pero con temor por la inmadures de manejar estas situaciones que nos agobian en cada uno de los momentos pero que van formando el carácter y nos hace cada vez más fuertes.

Desde niño he observado varios tipos de sociedad un tipo de sociedad fuerte como la roca con firmeza en su ideales y buen desempeño en sus acciones sin importar el cansancio y agotamiento que causen las luchas pero con buenos resultados, las rocas son fuerte pero van siendo moldeadas con forme va pasando el tiempo recibiendo los golpes del agua en forma de olas sin importar que están tengas altos y bajos, el sol con su energía calentando su dureza y las lluvias refrescando con su humedad inagotable.

Las rocas son de gran valor en su entorno que sirve para múltiples actividades tiene dureza y firmeza el golpes de las olas las moldean continuamente el tipo de sociedad considerado como sociedad roca cultiva una inmensidad de aprendizajes con nobleza y carácter para resistir los avatares y las penurias en el transcurso de la vida los avatares que van dando forma al ser sin importar cuanto duela un golpe después de un tropiezo, que todo ser tiene recuerdos de cada uno y en diferentes momentos.

Los aportes de este tipo de sociedad, son transformadores en las mentes sublimes y soñadoras llenas de visiones y vencedoras de las incertidumbres que no se ausenta en la gran carrera de la vida, donde se aprende a soñar, reír, cantar, disfrutar, vencer, correr, a disfrutar el estudio, a trabajar, a amar, los aprendizajes son innumerables e insuperables, el sueño de todo ser es siempre superar lo insuperable a tocar lo intocable a alcanzar la meta y a ayudar a la familia y a los seres que le rodean y que contribuyen al buen desempeño con todo amor entusiasmo y motivación a seguir cada día en la lucha.

2. La vida un regalo de Dios.

Todo ser humano debe estar claro y aprender que la vida es un regalo de Dios y debemos de saber vivirla, disfrutarla y siempre agradecido con Jehová, solo recuerdo todos los momentos difíciles por los cuales he pasado y Dios me ha ayudado a salir adelante desde la infancia hasta la actualidad he sido respaldado en todo instante, uno de los momentos fue cuando fui operado del riñón derecho siempre estuve la confianza y la fe que saldría con bien a pesar de los miedos que nunca faltan, en esos momento aprendí a tener certeza que lo que estaba pasando y los médicos estuvieron un gran desempeño en cada una de sus acciones.

Ocasiones como esas nunca se olvidan en esos momentos solo los verdaderos amigos están presente, lamentablemente no son muchos los que se acerca a alguien que necesita las energías positivas para aguantar las pruebas y el agotamiento hay un amigo verdadero que nunca falla ese es cristo que siempre nos respalda con sus bendiciones en cada instante no importando las fallas que estemos haciendo, él nunca se aleja de nuestras vidas, es como una luz que siempre da esperanza e ilumina nuestros pensamientos a pesar de lo nublado que puedan estar por los diferentes desafíos o situaciones que se estén procesando.

En mi caso particular en todos las acciones que he ejecutado en la vida, nunca he sido abandonado por DIOS él me ha respaldado en todo no hay palabras para describir lo mucho que estoy agradecido con él y no tengo con que retribuir el respaldo que he recibido Cada situación tiene una razón de ser, son como obstáculos o retos que podemos superar no siempre las situaciones las podemos superar de forma individual y necesitamos de un equipo de trabajo para que nos colaboren y poder salir adelantes en las labores o proyecto que estemos en proceso de ejecución, detrás de cada desafío o un problema se esconde una oportunidad de superación que podemos aprovechar para fortalecernos y mejorar las acciones negativas que estemos ejecutando.

La vida como un regalo de DIOS es un don muy preciado que si no la cuidamos no nos damos ni cuenta cuando se nos está escapando, o la estamos disfrutando por circunstancias sociales o de acuerdo a las actitudes que estemos implementando.

Regalo de Dios.

Vida que has llegado a mí, como el agua al mar.

Como un regalo sublime de Jehová Dios

Que llega con amor, como llega el ser que has de amar

Sin darte cuenta, las acciones se van dando en post.

No hay palabras para gratificar,
El inmenso e incalculable valor.
De cada vida y de su, sublime amor.
Regalo que has de cuidar
Como el agua que has de tomar.

El gozo de la vida, da esperanza.
Da alegría, por un nuevo ser
Que reciben con amor y confianza.
En la mañana o en el atardecer

Cuan agradecido y contento
Estoy por la vida en todo momento.

3. Historietas de vida.

En la vida tengo tantas anécdotas que contar la verdad no sé por dónde empezar, les contaré la historia desde que en mi infancia siempre me gustaba andar con mi padre que fue además de un buen padre, un buen amigo que siempre compartía sus historietas conmigo las cuales eran muy divertidas y entretenedoras, situaciones que brindaban lecciones

Aprendizaje que transforma. "a través de la superación de desafíos."

de aprendizajes que formaron valores que me han servido para toda la vida, por ejemplo decía hijos siempre sean obediente, responsables, respetuosos con las demás personas y sobre todo sean honestos en todas las situaciones de la vida, sepan aprovechar todas las oportunidades de la mejor manera para superar, de acuerdo a lo que más les gusta hacer.

El consideraba que cuando haces lo que te gustas tendrás y cultivaras los mejores resultados Que servirán al desempeño de toda la vida cabalgando como sancho con el quijote o Dulcinea en el corazón de Cervantes, los pequeños logros que para cada uno de los seres pueden ser grandes, para otros resultarán pequeños y no trascendentales esto suele suceder por los niveles sociales que posee cada individuo o los intereses creados que presentó hace muchos años Jacinto Benavente lo cual no resulta nuevo los intereses en las sociedad continúan perdiendo por ejemplo si alguien te sirve siempre tendrá un interés creado en recibir algo a cambio.

La vida es dura y bella dijo Rubén y es más bella cuando Pegaso la sella, en verdad la vida está llena de circunstancias que las disfrutamos poco a poco a veces ni nos damos cuentas lo feliz que fuimos, lo feliz que somos y lo feliz que seremos, es como una ironía de la vida por ejemplo si has alcanzado una grada o subido una escalera deseas alcanzar la otra, es difícil que estes satisfecho con los que tienes o con lo que no tienes, el que no tiene pies desea tenerlos para caminar por los verdes campos, el que tiene los pies desea comprar un buen caballo para cabalgar las praderas, el que tiene un buen caballo desea tener un buen vehículo para sacar la producción, el que tiene un buen vehículo desea tener muchos y tener una empresa de transporte de mercancías, que es empresario desea el poder y el poder y la ambición enferma y corrompe que difícil es comprender tales situaciones que suceden en nuestra sociedad.

Mi madre una gran persona desde todo punto de vista me decía ten cuidado hijo en los senderos que frecuentas y con las personas que te relacionas, ya que no sabes las intenciones que poseen cada una de ellas quizás, sean las mejores, o las peores, lo importante es determinar o descubrir a través de tu análisis que es lo que más te conviene de acuerdo a la conveniencia vivencial, a veces lo que ves no es lo que parece y lo que parece no es, las situaciones de las vida nos van abriendo paso y enseñando el buen camino que nos hará a ser personas de bien.

Esta gran dama siempre me protegía del peligro desde la infancia, recuerdo cuando vivíamos cerca del rio de plata, una vez que nadaba en una poza del rio Waslala pero no tenía las habilidades de un buen nadador, de pronto salí nadando y llegue a lo más profundo e iba hundiéndome, necesitando ayuda inmediata para no ahogarme, y mi madre escuchó el chapaleo de agua y corrió a rescatarme muy asustada me sacó sano y salvo de las aguas cristalinas del ríos, porque para aquel entonces no tenía tanta contaminación, comprendí y aprendí que el amor de madre es insuperable e inigualable el que contribuye a la personalidad de cada uno de los hijos e hijas.

Cuando era un niño como de cinco o seis años siempre me gustaba andar con un sombrerito de palma que alguien que no recuerdo me lo había regalado, pero me encantaba usarlo cuando acompañaba a mi mamá en las diferentes acciones que realizaba para traer lo que necesitaba en el hogar, ya que ella siempre se destacó en darnos lo poco o mucho que tenía, para mí siempre ha sido y será una bendición de Dios por los valores que aprendí de ella, las buenas costumbres familiares que hacía más divertida la vida, sobre todos los juegos infantiles ,puedo con toda plenitud decir que aquellos juegos eran juegos que unían.

Que diferencia no; aquellas actividades lúdicas que practicábamos los niños de mi infancia recorriendo fangos debajo de la lluvia, jugando a los barcos de papel, jugando al beisbol al menos con pelota de calcetín de forma rustica pero muy divertido donde los rostros se pintaban de sonrisas todo era muy pintoresco, a veces frecuentábamos la chavalada un salto cerca de las vivienda donde vivíamos, el cual era una gran belleza y en la actualidad lo sigue siendo, es como un tesoro oculto sin ser aprovechado por el turismo actual nosotros le llamábamos el salto de don tilo por que cruzaba la propiedad de un señor que se llamaba Auxilio y cariñosamente le decíamos don Tilo.

Nostalgias

Días que poco a poco nos han dejado

y solo los recuerdos gratos han quedado

en nuestras memorias se han ocultado

y recordarlas es de agrado.

Ver los atardeceres llenos de luces nocturnas

de quiebra platas doradas

que adornaban las noches campestre de una en una,

como una noche enamorada.

Los sueños gratos de la generación

que muy poco vía televisión

pero en su mente y alma había diversión.

Los turbios y alegres encantos

que nuca olvida un mortal

es la infancia de sollozos llantos.

De alegría que adornaba cada día.

La caída   que siempre recuerdo.

Cuando tenía siete años era un niño que siempre me gustaba salir a ver a mis hermanos que jugaban beisbol, después de ayudar en la familia en las actividades familiares en una mañana nublada, observando los campos verdes que existían frente a la casa, mientras los primeros rayos del sol comenzaban a bordear en techo de la casa y las aves de corral comenzaban a sacudir la grama en busca de consumir algo para alimentarse, en aquella mañana la moldeaba las totillas calientitas palmeadas por la Reyna de la casa esa era mamá y mi padre que ya regresaba del potrero de ver los pocos animalitos que habían.

La relevancia del día iba subiendo poco a poco con muchas ganas de ir a campo de beisbol, era un día domingo día de descanso, día del señor, día en que las personas frecuentaban las iglesias de distintas denominaciones y otras personas buscaban algo de distracción, por lo cual había que aprovechar de visitar el campo de beisbol, comencé a alistarme para que no me dejaran y poderme agregarme al grupo que estaba animado a ir al campo deportivo después de alistarme, ya todos casi encaminados para comenzar el viaje de varios kilómetros, en donde había que caminar subiendo una pendiente sobre la carretera de mascadan un poco estropeada por invierno del mes de agosto.

Muy sencillamente comenzamos a caminar acompañados con mis hermanos, amigos y conocidos de pronto nos alcanzó un vehículo de los antiguos IFA los niños de la época convertíamos las siglas de IFA dándole el significado como imposible frenar a tiempo, eso se había creado como un mito desde nuestra sencilla forma de pensar, unos de los mayores que acompañaba al grupo de personas pidió rai o un levantón al camión que nos alcanzó, todos comenzaron a trepar poco a poco a la pesada máquina, los más grandes y adultos treparon con más rapidez los más pequeños trepamos de último, al final trepamos todos, el ayudante chifló y el vehículo hizo el arranque, pero no sé qué pasó; metió cambio y el vehículo no se estabilizó y dio un movimiento brusco para adelante y atrás tanto que los niños más pequeños nos zafamos hasta caer abajo en la calle, varios caímos. Inconscientes.

En mi caso recuerdo que quedé sin aire, las personas que observaron el evento gritaron contundentemente para que el conductor se detuviera, los más adultos comenzaron a soplar a los niños que yacían en el suelo hasta estabilizarlos, yo me levante un poco mareado y salí corriendo para la casa mi madre preparó un té manzanilla y otras hierbas que no logré identificar para mejorar el estado de la salud producto a la caída, por gracias de Dios no sufrí ninguna herida, mis familiares y yo estábamos asustados por los sucesos lo bueno es que no tuve afectaciones pero el susto aún persiste hasta nuestros días.

Vida

La vida es tan valiosa

nos enseña como una gran escuela

admiramos como a mujer preciosa

que recordamos a la alguna estela.

Es rápida como la luz por las mañanas

alegre como el canto de las aves

cruel por sus tropiezos como las arañas

pero benditas como las naves.

Nos llena de gozos, pero también de pesares

Aprendizaje que transforma. " *a través de la superación de desafíos.* "

Nos alimenta poco, pero también con manjares
Nos encamina a ser fuerte
A pesar que surca la muerte.

La vida sigue y seguirá siendo
el don más preciado
cuyos misterios aun no entiendo
pero reconozco que me ha premiado.

Alcanzando cada sueño
con audacia, con bendición
brindada por Dios el gran dueño
que nunca abandona a este corazón.

Vidas en donde aprendes
donde corres, donde lloran
donde no todo lo entiendes
vida de encantos que evaporan.

Vida que proteges

Vida que envejeces

Vida donde ganas

Vida donde pierdes.

Sección VI REVOLUCIÓN DIGITAL

Sin matar la creatividad.

En todos los lugares donde nos localicemos la lucha es constante es decir desempeñarnos incansablemente sin bajar nuestra autoestima, desde niño he enfrentado grandes desafíos, donde en los diferentes lugares que aprendía muchas ocasiones quisieron matar la creatividad y la ilusión de salir adelante siempre no niego me frustré más de una vez pero reflexioné un poco cansado luchando consigo mismo, desde pequeño escribía poesías de forma sencillas, muchos aplaudían cuando declamaba en diferentes actividades, pero siempre había uno, dos, o más de tres, que descalificaban mis sensibles escrituras infantiles.

A pesar de eso no paré de escribir cuando había un espacio y algo que motivaba a hacer en varias ocasiones le escribía a las novias o conocidas y admiradas de amigos, ya que estos me pagaban por lo que escribía silenciosamente en las cuales se mencionaban las flores, las mariposas, los lirios ,el universo, ríos, mares, montañas y muchos elementos para realizar el juego de palabras con su rima, que al leerlas las escuchaba muy armoniosamente, que su entonación me emocionaba solo los que les gusta la poesía o tienen algún interés comprenderán tal situación.

La vida nos hace enfrentar muchos obstáculos nada esta ganado hay que tener perseverancia para alcanzar todo tipo de meta o propósito cuando estudiaba segundo grado decía pensaba en silencio llegaré a sexto grado pero siempre me destaque en cada uno de los grados de primaria y a pesar de tantas dificultadas transitadas logré ir avanzando poco a poco con tantas carencias económicas y tecnológicas de aquella época, cada logro que alcanzaba me daba satisfacción, mis padres y hermanos me apoyaron cada cual a su manera, por fin llegué a sexto grado, no olvido que fue el año que nos afectó un famoso huracán llamado Mitch que nos recortó el año, por la afectación en todo el territorio nacional.

A pesar de eso logramos promocionarnos para mí fue un logro que transformaba mi vida algunos nos motivaban para que siguiéramos adelante otros simplemente no deseanban nada, otros niños veían nuestro logro como un reto para ellos, otras personas simplemente ignoraban esos detalles que fortalecen la mente y el alma, ya que las palabras construyen, pero también destruyen por lo cual es viable estar preparado a tener felicitaciones como también desprecios o que te vean como alguien desechable porque la vida no es solo de éxitos sino que hay tropiezos de diversas indoles.

La modernidad vino a transformar todo nuestra forma de actuar y pensar; pensar cómo vamos a salir adelante y actualizarnos cada día, aprender a manejar una computadora es decir las famosas TIC o tecnologías de la información y la comunicación son desafíos y retos continuos cada día hay algo que se aprende, solo recuerdo cuando en el pueblo solo había un televisor y una computadora de las grandes eso era un lujo que nadie se lo podía dar, a mí me gustaba ir a ver televisión desde la niñez inocente, bajaba del barrio lejano del casco urbano, en esa casa vendían posibles cuando comprábamos eso lo tomábamos como excusa para entrar a la casa donde se estaba viendo televisión, a veces cobraban un córdobas por ver una película clásica para mí era un gran avance poder ver televisión.

Poco a poco esto fue creciendo ya más personas tenían televisores es decir los niños teníamos varias opciones para ir a ver, y las casas donde tenían estos avances casi siempre mantenían llenas, a veces nos cobraban otras veces no, cuando la dueña de la casa perdía la paciencia apagaba el televisor y nos despedía muy tristemente nos alejábamos y nos regresábamos a casa, a contar o narrar la película u otros amigos se estaba a cercando una revolución tecnológica.

Hablar de computadora en el barrio era como un sueño de nunca alcanzar, la telefonía tampoco existía en el pueblo lo que si existía eran unos radios comunicadores en las instituciones de gobiernos, años más tardes comenzaron a instalar varios teléfonos convencionales en el casco urbano ya la población podía comunicarse con otras personas de otros municipios yo decía cuando podré comunicarme con uno de esos teléfonos, parecía una ironía o un sueño en donde nunca podía despertar, pero todo fue cambiando constantemente hasta la forma de pensar iba cambiando.

La modernización se fue acercando primeramente a las instituciones del estado, había en la parroquia una escuela de mecanografía en donde los jóvenes aprendían a escribir en máquinas solo los que tenían el alcance de pagar el avance podían estudiar en los turno nocturno, posterior a eso en esta misma institución años más tardes instalaron un quiosco tecnológico que funcionaba como ciber y centro de comunicación en donde podías llamar o recibir llamadas con otras personas, recuerdo una vez llamé una persona que admiraba mucho y también envié una poesía para que publicara en la prensa de Nicaragua vía fax, que nostalgia es narrar todo esto me imagino que todo pueblo tiene su forma de transformación y cambios unos más rápidos que otros.

Lo anterior vinculaba el aprendizaje transformador y cambiante ya que la sociedad va aprendiendo a manejar los equipos que venían a modificar y facilitar las actividades las actividades comunicativas e informativas, ya que en el ciber podíamos investigar temas asignados por los docentes que comenzaban a aprovechar ese avance tecnológico no todos los estudiante de la época teníamos la capacidad de ir al ciber por el pago que se tenía que realizar de acuerdo al tiempo consumido aunque la señal se caía en ocasiones.

Seguidamente instalaron una torre de antena de telefonía, ya la gente muy emocionada comenzó a comprar los famosos celulares motorolas o Nokia, lo que interesaba era comunicar la marca no importaba, los primeros celulares que conocí eran grandes, la señal era un poco mala, pero resolvía, era lo mejor que teníamos y lo más innovador que ayudaba a cada familia que formaba a la sociedad prepararse cada día más y estar preparados a más cambios.

Las famosas aplicaciones y juegos de forma rústica comenzaron a usarse en los celulares Las personas mayores siempre les ha interesado comunicarse con un fin destructivo aunque esto era para los niños y jóvenes que nos conformábamos a ver algunas imágenes que los equipos ya traían predeterminadas, cada quien se conformaba con lo que tenía, aunque había mucha curiosidad de aprender algo más innovador y darles los usos más apropiados, siempre nos aconsejaban los docentes de darle buenos usos a las nuevas tendencias que estaban surgiendo y están facilitando de una u otra manera la forma de estudiar con sus ventajas y desventajas los grandes desafíos son constantes cuando hablamos de tecnología.

Un poco temeroso cuando en el ciber usaba la computadora ya que para mí era algo novedoso pero la curiosidad me hacía aprender cada día, a escribir, investigar o consultar temas de mucho interés, la señal era lenta pero igual la usaba y el tiempo avanzaba pues pasaba quizás una hora a veces hasta horas en ocasiones consultando y leyendo algunos artículos que me motivaban leerlos por una u otra razón, si practicamos la lectura constante aprendemos a escribir correctamente además del conocimiento que captamos del tema que aborda el material que estemos leyendo.

La tecnología transforma la lectura, porque antes solo podíamos adquirir un libro en físico, mientras con los avances alcanzados podemos descargar libros y demás información valiosa de otros documentos que nos ayudan a indagarnos, pero no niego que cansa más la vista al estar leyendo frente a una computadora o una pantalla de un celular por lo cual es recomendable ser más selectivo con la lectura cuando estemos utilizando estos elementos tecnológicos.

Nunca debemos de ignorar el enemigo silencioso que se puede ocultar detrás de los equipos tecnológico, esto puede evidenciarse de diferentes maneras visualización de violencia, o sitios donde se promueve pornografía, es un peligro que los niños y niñas accedan a estas páginas, es necesario que se tenga cuidado con estas informaciones.

El temor es que se pueda captar antivalores por lo tanto hay que estar sensibilizados para evitar cualquier debilidad o laguna mental que pueda afectar la parte emocional del desarrollo de los niños y jóvenes ahí es donde los padres debemos estar pendiente de nuestros hijos e hijas y darles seguimientos a cualquier eventualidad que pueda afectar el buen desempeño de los aprendientes.

Esto es aplicable en todo ámbito social, desde los hogares más cómodos o, los más humildes sencillos, o vulnerables, porque los antivalores llegan donde sea y como sea por lo cual se debe estar preparados con el sano consejo que poco a poco va moldeando los usos de forma apropiada de la tecnología que tengamos al alcance, el propósito principal es aprovechar la inteligencia artificial, pero evitar la adicción a estos novedosos medios porque nos podemos volver dependiente en todo momento la distribución del tiempo es un punto trascendental no de forma obligada si no que sea de forma sensibilizada en donde se pueda reconocer los aspectos negativos y positivos que las plataformas virtuales que estemos consultando.

La sociedad siempre busca al nuevo.

Los seres humanos estamos cautivado siempre por algo novedoso siempre estamos lleno de curiosidad en todos los ámbitos sociales donde te encuentres, el aprendizaje se forma de acuerdo al ambiente donde este el ser, por ejemplo si vives en la costa aprendes a navegar, pescar, solfear, si te desarrolla en zona ganadera `aprende todos los quehaceres de la actividad pecuaria, mientras que si creces en zona agrícola aprendes a sembrar plantas y a producir a través de las diversas actividades y cultivos que se desarrollan en cada época del año; en todas estas actividades se va aplicando el surgimiento de componentes novedosos que modifican cada actividad con el fin de facilitar la eficiencia y eficacia de las actividades.

En los diversos centros de educación inicial, primaria, secundaria y universitaria o en el mismo centro de labores, siempre buscamos algo nuevo que nos motive a seguir adelante, a veces suele ser doloroso cuando el niño, joven adulto y anciano en sus distintos ámbitos no encuentra algo motivador esto traerá frustración, es claro que no todas las personas se van a desmotivar por las actividades realizadas en los centros de estudios y sociedad porque no todos tienen los mismos niveles conductas y de comportamientos, pero es bueno detectar a las personas desmotivadas para conectarlos a la realidad y ver que se debe hacer para motivarles y sigan por los senderos o metas que inicialmente emprendieron.

¿Qué hacer para motivar a los niños, niñas jóvenes y ancianos? Es un asunto complejo, pero lo más viable es hacer las pequeñas cosas que a estos les motiva fortaleciéndolos lo que más les gusta para que sigan adelante que continúen por sus deseos y logros que forman al ser; la recreación, las actividades lúdicas son indispensables para hacer una formación apropiada y constante de una u otra manera se está haciendo porque desde la familia y sociedad existe esa responsabilidad compartida además las instituciones a la medida de lo posible cumplen sus fines para tal índole, pero esto es continuo es decir permanente por que la sociedad cambian su perspectiva de acuerdo a las tendencias, esto indica que lo que nos motiva hoy, nos puede desmotivar mañana, por lo cual todo es cambiante para lo cual debemos estar preparados a todos los cambios que puedan darse de toda tipo.

En clase de primaria siempre me mostré motivado a pesar de haber algunas clases que resultaban cansadas, pero todos hacíamos un sacrificio, para captar los aprendizajes que lo docentes nos querían suministrar, recuerdo que habían clases más atractivas, habían otras menos atractivas pero el empeño era igual para todas en todas las asignaturas, algunos niños eran más destacados en ciertas asignaturas mientras que otros se destacaban en otras actividades, algunos eran buenos deportista muy eficientes en las juegos desarrollados en educación física.

Los estudiantes aprendíamos a través de un proceso paulatino y considero estos aprendizajes fundamentales para todo el desempeño como estudiantes y como profesionales; ya que fueron como pilares fundamentales de los saberes de toda esa generación que a pesar de tantas carencias se logró superar los innumerables obstáculos, recuerdo que cada vez que salíamos de casa, salíamos en busca de aprender algo nuevo, en todo proceso las motivaciones y buenas intenciones o actitudes nos insta a tener interés de aprender algo novedoso cada día, el medio donde estemos también influye en estos aprendizajes que irán transformando nuestras vidas poco a poco de acuerdo al desarrollo como niño joven y adulto ya sea el desarrollo físico o intelectual.

Había un docente de primaria que recuerdo por su delicadeza y esmero para compartir aprendizaje, era creativo en sus enseñanzas siempre trataba de buscar algo nuevo que agregarle a la temática que abordaba, pero muy rígido para hacer cumplir las orientaciones que llevaba a cabo con los estudiantes; aprendí mucho con su metodología y observaba que los demás estudiantes de esta generación también tenían un buen nivel de desempeño y su mayoría lograron bachillerarse y alcanzaron una carrera universitaria y actualmente se desempeñan en varias instituciones locales.

En secundaria un poco grande los jóvenes solíamos siempre a ser creativos cuando los docente asignaban tareas que se requería llevar o elaborar algo, en esa época no teníamos mucha tecnología pero cada quien hacia un esfuerzo que los docentes valoraban cuidadosamente, recuerdo a un maestro de física que originario de león el siempre, valoraba los procesos los ejercicios aunque la respuesta final talvez hubiese un error, pero el proceso inicial y central iba avanzando muy bien pero algo folló al final, había otros docente que no valoraban nada de proceso valoraban únicamente la respuesta final, considero muy apropiado valorar los proceso de los aprendizajes.

135

De la meditación al aprendizaje.

La meditación suele ser un elemento clave para concentrarse y reflexionar acerca de los aciertos y desacierto que pueda tener cualquier individuo en la sociedad donde se desarrolla, meditar hace producir nuevas ideas para resolver situaciones problemáticas que todo ser humano puede tener en el proceso de vida, si estas desconcentrado en determinada actividad que se esté realizando, meditar es lo más indicado que se puede realizar, reflexionar y sacar conclusiones que permitan tener nuevas visiones, pensamiento creativo, e innovador.

Cierto día me comentaba sus experiencias un amigo que estuvo pasando problemas críticos en la familia y con algunos actores de la sociedad, él cuenta en su anécdota de forma sonriente y tímidamente que no hallaba que hacer sentía que su mente estaba por explotar quería estar solo para reflexionar y le surgieran nuevas ideas para superar los obstáculos que estaba enfrentando que eran como muros muy difícil de escalar y cruzar, se necesita ser paciente y hacer una reflexión de cómo y para que saltar o cruzar el muro que obstruye para salir del estancamiento.

El cuenta que una tarde de verano cuya calor era indiscutible, en donde siempre acudía a la ayuda de un abanico para disminuir y hacer más cómodo el atardecer se acostó en una hamaca a meditar que hacer para salir de las dificultades que pasaban por su vida y su familia, quedó solo, ya que su familia salió al parque a recrearse un poco para sonreírle a la vida, saliendo de cualquier problemática, en su hamaca comenzó su meditación imaginándose acciones de solución, visualizando los procesos de solución, que revitalizaban las iniciativa, cerrarlos ojos y concentrarse por un momento y ver en su imaginación las acciones positivas.

Con la iniciativa que todo problema y situación negativa que está pasando tiene una o más soluciones y salir adelante, me expresaba que solo el que ha pasado por una o más situaciones llenas de problemas entenderá tal situación después de reflexionar tal situación se levantó con un enfoque lleno de positivismos que revitalizó su proceder cada día, esto fue como una inyección de elementos positivos que hicieron ver desde otro punto de vista y se plantaron en su ser diversas versiones que le quitó la preocupación y le instó a realizar las cosas con calma todo fue gracias a Dios y es que con el la solución llega siempre pronto.

El entrenamiento de la mente es una acción muy complicada de realizar, y eso solo se puede lograr en la meditación, liberando las energías acumuladas y equilibrando el estado emocional,esto es de vital importancia en todo momento en donde el ser aprende a ser más consiente al realizar todas las actividades en el momento adecuado tomando las decisiones de las cuales no habrá arrepentimiento, ya que traerán buenos resultados, en el caso de las emociones estas pueden ser controladas igual que las sensaciones y los sentimientos que tengamos y que dirigen nuestras actitudes.

Cuando a este amigo se le ha asignado metas o tareas que debe de realizar con un alto grado de complejidad, la meditación ha sido un método indiscutible para alcanzar el nivel de cumplimiento, eliminando el estrés que estas difíciles tareas para causar en todo momento una mente libre de estrés es fortalecida para que las cosas puedan salir bien y las acciones y practicas estén correctamente encaminadas hacia el objetivo inicial de una forma relajada en donde lo negativo ya fue evadido a través de la meditación.

Otra de las forma de meditación es a través de la observación hacia el horizonte, puedes tener imaginaciones creativas o no tan creativas, imaginación que encanten o imaginación que impresionen poco , en este sentido este proceso lo hago buscando imágenes y escenas creativas, esto me puede servir para realizar un proceso de innovación que este realizando dependiendo de la temática, es posible que la pueda asociar con un temperamento calmo y tranquilo lleno de paz interior en donde los niveles de satisfacción pueden acercarse al mundo donde se está viviendo.

En lo particular la meditación me ha ayudado a crear iniciativas y a proyectarme de forma positiva a ir ejecutando metas académicas y en el desempeño laborar y social, casi siempre, antes y después de ejecutar una acción o actividad realizo una meditación a través del proceso de reflexión y análisis, cuando hago esto he tenido buen resultado en mis proyecciones, en el caso de las toma de decisiones es viable hacer un proceso de meditación para tomar la mejor decisión que permita tener éxitos en los objetivos personales y familiares, lo importante es que podemos meditar acerca de cualquier tipo de eventualidad o tema por el cual estemos desafiado.

Cierto día meditando acerca del valor que tiene la mujer para la sociedad, me salieron ideas que las escribí en estos versos.

Mujeres.

Todo tiene una razón de ser.

Tu silueta, será mi musa,

armoniosa mujer.

Tu ternura, sollozante de armonía.

Tu escudo es tu belleza.

Que me inspira esta poesía

Aprendizaje que transforma. *"a través de la superación de desafíos."*

tu adornas, como los lirios en el día.

Tu voz es sublime que llena de encanto.

Mujer que amas, que entregas tu amor,

que luchas, que corres tanto.

Para alcanzar las metas con honor.

Eres mi todo

porque sacas brillo

desde el fondo del lodo

subes y bajas como la marea.

Subes y bajas como la marea

sos productiva con tu tarea

en toda la sociedad nadie te supera,

porque con dignidad

das la vida entrera.

Mujer que encantas,

que luchas,

Aprendizaje que transforma. " a través de la superación de desafíos. "

que con energías te levantas.

Mujer que haces alegre el atardecer

como la luna llena al oscurecer.

Que lo triste lo llenas de alegría

tú que adornas mi corazón.

Tu silueta me inspira una poesía,

con sentimiento e ilusión.

Eres como los lirios, o como las rosas

en este mundo vibrante,

siempre vuelas como mariposas

Y sales siempre adelante.

Es petulante mi honor al describirte

cada   noche en mis sueños

y brindarte mi amor por siempre.

Actitud abierta para aprender y compartir.

Que valioso es tener la actitud y mente abierta para aprender y compartir, siempre que he experimentado esto ha sido una experiencia sin prejuicios donde he aprendido con calidad, mientras cuando me mostrado cerrado, he terminado frustrado por lo cual recomiendo tener siempre la mente abierta con actitud dispuesta de aprender en todo momento, nadie lo sabe todo como para no necesitar aprender constantemente en este caso las experiencias son muy provechos llenos de satisfacción en cambio el contraste negativo esta cuando te cierras al rechazar los conocimientos esto se da cuando carecemos de sencilles y austeridad.

Cuando llevas la iniciativa y vas de forma activa y anuente a aceptar las criticas las recomendaciones, consejos, elogios y regaños, después reflexionas para captar la versión que se considera más apropiada según el contexto y conveniencia eso es tener actitud abierta con el propósito de salir adelante fortaleciendo los saberes y sobre todo aceptando los defectos y afectos, las virtudes, los valores y antivalores siempre con el fin de superar todas y cada una de las expectativas.

Las evidencia son latentes puedes experimentarlo cuando te cierras mente y corazón te llenaras de amarguras enfermando tu mente y tu ser afectando tu forma de actuar y puedes afectar a las personas que te rodean frustrando también el entorno con acciones negativas causando numerosas andanzas y manifestaciones personales inapropiadas que quizás afecte tu nivel profesionalismo perdiendo el control y manejo de las expresiones en donde a veces puedes ofender a otras personas que también se expresaran y lamentablemente no sabemos cómo actuaran.

Mientras que en el otro ángulo si eres tolerante a lo que te expresen las demás personas y sacar lo más positivo que pueda contribuir esto se convertirá en fortaleza valiosa que será fundamental en el profesional y los aprendizajes siempre estarán al alcance del componente cognitivo, permitiendo tener aspectos valiosos para compartir en el entorno que está lleno de saberes, no solo a un individuo si no a un grupo de la sociedad que está cerca para apoyarte cada día para salir adelante y superar todos los retos y desafíos.

Todos los seres humanos al llegar a la etapa final de la vida y al sentarse debajo de un árbol o frente a un espejo a meditar y valorar lo bueno, lo malo, las virtudes y afectos que logró en el largo camino transitado en donde habían caminos sinuosos y muy difíciles pero también caminos con grandes oportunidades y facilidades de poder cruzarlos; todos tenemos esas sublimes oportunidades y cada quien logra hacer lo que puede y lo que le motiva hacer obteniendo resultados de acuerdo a sus capacidades y acciones.

Aprendizaje que transforma. *" a través de la superación de desafíos. "*

La ballena cuando envejece, ya no puede navegar se cansa con facilidad, su movilización es compleja cada día, ya no se puede defender de los ataques de tiburones, pulpos cocodrilos y otros animales que puedan atacarla, esta es una etapa difícil para la cual todos y todas debemos estar preparados esto depende de lo que hayamos sembrado en todo el transcurso de la vida, toda cosecha depende de la siembra que hayamos realizado y que estrategias aplicadas.

Para lo cual siempre hay que considerar que:

No siempre se logra.

No siempre seremos exitoso

No siempre seremos victorioso

Siempre hay tropiezos en el camino

No siempre seremos los más enérgicos

El desgaste nos consume cada día.

Nunca estarás siempre arriba

Ni tampoco estarás siempre abajo.

Lucha por cada oportunidad

No siempre serás el líder

Pero tendrás la opción de salir adelante.

Mientras el creador nos brinde cada opción seamos valientes y luchadores por que tarde o temprano la vida misma nos cobrará por lo mal que hayamos obrado o nos pagará por lo bien que nos portamos.

Aprendizaje multiplicador.

El aprendizaje más valioso es aquel que se multiplica constantemente en otras personas y estas aprovechan estos saberes y los ponen en práctica estos se vuelve un aprendizaje significativo, productivos y generando múltiples beneficios a la sociedad, nadie pude dudar de un aprendiente con sólidos conocimientos que comparte con toda la confianza cada una de sus virtudes y temas de interés en los grupos en donde tiene relación social con gran sensibilidad de interactuar cada día eso transforma una sociedad poco a poco.

Este aprendizaje multiplicador con gran satisfacción lo realizan los docentes de profesión y también persona que sin ser docente comparten sus saberes desde sus trabajos, oficina, en el campo agrícola, en medio de dificultades intercambian sus experiencias y tormentos que han superado, en el sufrimiento, como en el gozo se compartes ideas y esto contribuye a cada ser, ya que al compartir también reaprendes y maximizas las capacidades cognitivas y operativas de todos los puntos más emblemáticos que podemos tener en la gran escuela de la vida.

En cambio si tienes muchos conocimientos, has aprendido y sigues aprendiendo pero no compartes con nadie estos conocimiento, es como un cultivo que se ha sembrado y no da frutos esto se debe de evitar a toda costa porque es una gran debilidad que puede tener todo individuo en esta sociedad, puedo decir que este es un aprendizaje que no transforma y que debe de ser transformado con iniciativa propia para aprovecharlo y poderlo compartir con todas las personas aprendientes, no es viable quedarnos estancados y no hacer nada para sensibilizar a estos seres humanos para que se vuelvan anuente a los procesos transformadores en todos los contextos.

La persona que no multiplica su aprendizaje se vuelve solo e intolerante a las demás personas de forma frustrada, necesita ayuda y de incorporación a los grupos que se reúnen y comparten lo poco o mucho que saben en las tardes coloquiales por muy callada que sea una persona siempre hay su manera de poder interactuar y hacer un poco de química a través de las buenas relaciones humanas contribuyendo con el propósito multiplicador, esto se lee como un sueño pero nunca es tarde para dispertar de ese sueño y no hacer de este una profunda pasadía en donde siempre estes agotado y la frustración sea la que perturbe tu mente y tu espíritu.

Desde mi infancia conozco muchos ejemplo de personas que practican cotidianamente un aprendizaje multiplicar con sus estudiantes colegas y sociedad en general en el día a día les contaré la experiencia de un colega docente que se ha dedicado su vida entera compartiendo lo poco o mucho que ha aprendido en los diferentes proceso de formación profesional desde su sencilles hasta su abnegado sacrificio que ha ejecutado paso a paso en su larga trayectoria desde los años ochenta cuando empezó a estudiar en los proceso de alfabetización se puede decir que es fruto de estos procesos.

Este continuo los caminos de avanzando en los aprendizajes logrando bachillerarse pero eso no termino ahí la vocación lo ataba al duro y valeroso arte de enseñar, hasta llegar a estudiar tres carreras universitarias, una Maestría y un doctorado en educación, pero lo más valioso es el empeño con el que realiza todas y cada una de las actividades aunque a veces la sociedad ignore este docente continua impartiendo el pan de la enseñanza en el nivel medio y universitario aprovechando sus saberes compartiéndolos de forma transformadora un poco el conocimiento de los aprendiente de cada grupo que está atendiendo en las diversas disciplinas.

La sociedad no tiene como pagar todo el empeño y el legado que ésta persona está dejando por varias generaciones, es decir el aprendizaje adquirido por él se ha convertido en multiplicador es todo un ejemplo a seguir en esa área social, sin embargo, lo mejor es la satisfacción que toda persona pueda tener después de realizar un buen desempeño en la larga carrera, ya que en el transcurso de la vida se logran cruzar muchos baches, superar reproches, aceptar elogios, y proseguir no todo es fácil pero tampoco es imposible para no ser superado.

Es difícil aportar algo para transformar una sociedad porque hay diferentes caracteres, temperamentos, conductas, comportamientos, forma de vida, clases sociales, gustos y cultura; imaginándome como se lidia con el carácter de un grupo de estudiantes en un aula de clase, los temperamentos que son variados para cada ser humano, su tratamientos distinto para el flemático, melancólico, sanguíneo y colérico todos actúan de una forma diferente, lo cual convierte en verdaderos héroes a los docentes que cada día entregan el alma la mente y el corazón para compartir los conocimientos según cada disciplina y nivel académico.

Aprendizaje que transforma. "a través de la superación de desafíos."

Sección VII RETOS Y DESAFIOS EN LA EDUCACIÓN.

Retos.

Los retos en la educación son continuos, desde la continuidad y mejora de la calidad educativa, inclusividad, igualdad, formación docente, brecha digital, fomentar la creatividad, educación financiera, aprendizaje para fomentar el emprendedurismo, educación emocional, familia escuela y comunidad.

De reto en retos.

Saltar, correr, leer y escribir

saliendo adelante cada día,

con cambios continuos que no se pueden medir.

Olas altas y bajas; que alegría.

Con retos llenos de vigores

de nostalgias, de sabores

de mentes fresca donde se siembra la idea.

Que sobresale productiva.

Soberbio a los retos

Aprendizaje que transforma. *"a través de la superación de desafíos."*

activando el amor al triunfo
dejando atrás los hechos lapidarios
que entorpecen en los diarios.

Difícil de alcanzar
en el ocaso de las energías
sublime y agotadas al marchar
pero con sorbos de energías.

Alza la idea brusca e incendiaria
de luchas cotidiana
de honor, quien diría.

Al levantarse en cada una de las mañanas
Con acciones humanas sobre retos al estrado
En un continuo actuar motivado.
La calidad educativa un sueño valioso.

La calidad educativa en el proceso implementado dentro del sistema educativo es aceptable, aunque es uno de los retos muy complejos, pero se está trabajando sobre ese esquema en todos los países cada uno desde su propia naturaleza desde su estrategia de gestión educacional, encaminando todos los sacrificios para realizar la mejora continua en la educación inicial, primaria, secundaria y universitaria.

Se recuerda a un docente que hablaba todos los días con sus estudiantes al inicio de cada una de sus clases abordando los temas de valores cívicos morales e intelectuales, además les hablaba acerca del amor al estudio y hacia las actividades que ejecutaba cada uno de los estudiantes en su presente y su futuro como nueva generación que sus metas y proyectos visionarios que cada uno tiene de forma diferenciada casi similares por la idiosincrasia de nuestros pueblos.

Todos soñamos en tener una mejor calidad de la educación en este logro debemos estar involucrados todos y todas estudiantes padres y madres docente, sistema educativo, iniciativa privada es algo que esta al alcance siempre y cuando todos trabajemos en un solo enfoque en todos los niveles educativos y los procesos educativos superando todas las dificultadas y aprovechado las expectativas, sin olvidar la gestión de recursos humanos y económicos

Inclusividad.

Esto es un reto visionario que todo docente debe realizar a diario inculcar poco a poco los valores, a través de charlas y consejos de forma inclusiva y holística sin distinción en donde todos estemos involucrados en las actividades escolares, considerando a todos los estudiantes por igual, en la comunidad educativa conformada, sin olvidadar que los estudiantes son la razón de ser del sistema educacional, por lo cual son nuestros mayores sacrificios y empeños para que salgan adelante cada día, los padres y madres de familia ente rector de una educación desde el hogar aprendiendo principios morales y espirituales que se les dan seguimiento en los centros escolares.

El colegio donde estudié la secundaria siempre fue abierto a todas las situaciones positivas en la participación de todos los actores educativos en las actividades organizadas en el entorno educacional, los estudiantes siempre participábamos de acuerdo al talento que poseía cada uno, de tal forma que en los eventos hubiese participación de todas las secciones de clases y niveles académicos eso en particular me motivaba a integrarme y participar de una u otra manera en los eventos; estos proceso nos ayudaron a superar ciertos desafíos y limitantes que teníamos en gran cantidad toda esa generación, pero en medio de esas obstáculos siempre supimos salir adelante sin descartar que muchos se nos quedaron en el camino.

¿Cómo ser un docente inclusivo? Uno de los detalles para ser un facilitador o docente inclusivo es en el uso del lenguaje, evitar frases o expresiones que puedan molestar o aislar a cualquier estudiantes y más aún cuando tiene alguna discapacidad evitar estereotipar en lugar de estos usar términos neutrales y con todo el respeto posible, todos los seres humanos estamos donde nos traten bien si nos tratan mal es posible que nos retiremos tarde o temprano y en caso de la inclusión lo que se quiere es que estemos siempre inmerso en el sistema educacional aprendiendo cada día y mejorando los procesos de aprendizajes paulatinamente. Alcanzar la inclusión no es de la noche a la mañana esto es un proceso que va poco a poco porque a veces hay niños, niñas jóvenes o adultos que se auto excluyen entonces con estos hay que aplicar un procedimiento de sensibilización para que se puedan insertar exitosamente.

Igualdad educativa.

La igualdad educativa es valiosa en todo proceso de aprendizaje, pero con un alto grado de complejidad por los diferentes niveles y capacidades para captar aprendizajes porque cada niño tiene una situación familiar diferente a los demás, el sistema ofrece un proceso de aprendizaje por igual a todos con el propósito de alcanzar las competencias para cada unidad temática, pero si los estudiantes tienen diversos esquemas para alcanzar sus saberes es viable un tratamiento diferenciado es decir aplicar ciertas estrategias de acuerdo al nivel cognitivo siempre para alcanzar las mismas competencias ya que no todos los niños jóvenes y adultos aprenden de la misma forma esto suele ser como cuando vas al comedor y hay una diversidad de alimentos no a todos nos gusta el mismo tipo de alimento quizás si se le sirve la comida del mismo alimento no lo van a rechazar pero no tendrán la misma satisfacción del que si le gusta ese tipo de alimento.

En cuestiones de gestión de la igualdad educativa es inevitable considerar el contexto en donde se desarrollan los aprendientes para planificar las estrategias y estas puedan dar buenos resultados en el proceso de aprendizaje, cada situación debe ser previamente proyectada. La ruta para buscar la igualdad y luchas por las grandes desigualdades educativas por diversas situaciones que quizás no son provocadas por el sistema educativo, porque el sistema educativo focaliza sus políticas y lineamiento para alcanzar la igualdad constantemente.

Educar para la igualdad y en contra las desigualdades escolares en todos los espacios en donde se implementan procesos educativos aporta grandes beneficios al individuo y a la sociedad según el contexto en donde el protagonista se está desarrollando, fortalece elementos como el respeto, la tolerancia, el dialogo y la comprensión, para resolver ciertos conflictos, además de esto transforma las buenas relaciones entre los estudiantes, docentes y sociedad en general dentro de la comunidad con relaciones más sanas y justas con las mismas oportunidades y derechos.

Formación docente

La formación docente es indispensable para alcanzar o acercarnos a la calidad educativa continua, ahí está las bases del sistema educativo en donde se prepara al futuro facilitador del aprendizaje de saberes con las técnicas y estrategias para hacer más factible

cada aprendizaje con el enfoque pedagógico adecuado al modelo educativo del país y esta lucha es estándar para cada país de acuerdo a su propia visión y políticas educativas.

La formación docente debe ser constante y permanente en donde el docente está vinculado a ser autodidacta sobre todo la vocación en el ser, algunos consideran que la formación docente es responsabilidad exclusivamente de la institución que gestiona o dirige la educación en nuestro país pero considero que la responsabilidad es de todos no solo de la educación, la lógica está en hacer más atractiva esta profesión y enamorarse de ella por siempre aquí intervienen varios factores económicos y sociales el económico es la mejoría de los salarios de los y las docente para que despierte el interés por que en realidad tú puedes tener gran vocaciones pero tienes una familia y una tienes la obligación de satisfacerles las necesidades.

En el factor social siempre he considerado lo valioso que es poder ayudar a una generación de niños y poderlos ver crecer en conocimientos cuando vemos ese proceso y su desarrollo uno se siente realizado, porque ha aportado algo para ir transformando una sociedad por muy sencillo que sea tu aporte esos niños a los cuales les llegaste a su mente o nivel cognitivo y aprendieron, te recordaran por siempre ese es un reconocimiento social, yo inicie mis andanzas de docente en el año 2003 y he visto estudiantes ya con sus familia y reconocen siempre mi labor, jóvenes que han crecido económicamente algunos de ellos alcanzaron terminar carreras otros se dedicaron a sus parcelas pero aprendieron lo básicos y les sirve de mucho en su desempeño comunitario.

Recuerdo cuando estuve en los estudios de formación docente en la normal José martí fue una experiencia muy acogedora donde aprendimos aspectos importantes de pedagogía, psicología, didáctica, ética del profesional, gestión educativa, los métodos de enseñanzas, estrategias y técnicas esto fortaleció mi práctica docente porque la práctica va tejiendo al buen profesional, ya que la practica le da vida a los aspectos teóricos abordados se realizaban trabajos de campo.

No olvido cuando nos orientaron establecer un huerto de hortaliza esto con el fin de establecer en las escuelas los huertos escolares con las técnicas apropiadas y los estudiantes aprendieran haciendo esto suele ser más dinámico y práctico que solo aborda la parte conceptual y traen grandes resultados en el cumplimiento de la competencias educativas y posterior a eso logramos establecer los huertos escolares donde laborábamos y hacíamos un aprendizaje multiplicador.

Brecha digital

Las brechas digitales son otros retos inevitable en la globalización los analfabético modernos de la actualidad son lo que no han aprendido a implementar al menos lo básico de las herramientas digitales para el fortalecimiento del sistema educativo primeramente y también para fortalecer las capacidades en su negocio al implementar la mercadotecnia y sistemas de control interno de sus movimientos económicos, en los componentes comunicativos educarnos en el uso de cada uno de estos movimientos es de aplaudir cuando se está haciendo de una u otra manera de forma autodidacta o al participar en diversos cursos lo valioso es apropiarse de esos aprendizajes para no quedar estancados.

No todos tenemos el acceso a la tecnología actual a algunas comunidades las tecnologías no llega cuando ya está saliendo una versión actualizada es decir apenas nos estamos apropiando de una tecnología y de pronto, ya esta se vuelva desfasada, esto suele suceder a menudo los proceso tecnológicos son tan transformadores que resulta difícil estar completamente actualizado pero al menos se intenta seguir esa ruta en todos los ámbitos a pesar de las grandes desigualdades sociales que suele haber en nuestros territorios latinoamericanos.

Es novedosos poder establecer programas de alfabetización digital para instruir y fortalecer en esta nuevas tecnologías que suelen ser nuevas para todos y todas quizás con esto se pude ir cerrando la brecha digital , dejando claro la importancia que tiene la tecnología en la actualidad y en el futuro y esto es continuo porque si hoy te capacitas en tecnología el próximo año quizás tendremos la necesidad de seguirnos autocapacitando con las tecnologías en constantes cambios y trasformaciones.

Fomentar la creatividad y el emprendedurismo.

Otro de los retos es fomentar la creatividad en los aprendiente que bonito se escucha, pero es uno de los retos con un gran nivel complejidad he considerado varios elementos para fortalecer y fomento de la creatividad dentro de los cuales tenemos que proporcionar en los centros educativos aprendizaje activo, es decir dinámico, motivador en donde el estudiante se sienta alegre ir a aprender y compartir los aprendizajes y para que los aprendizajes sean creativos las estrategias deben estar focalizadas en esa línea de acción las reuniones de los docentes con la dirección debe ser creativo que no resulte llena de orientaciones cansadas para que todos y todas estemos en sintonía en todas las actividades ser creativo.

Darles a los estudiantes libertad de poder crear sus iniciativas en la temática para abordar, pensar y escribir, cuando se va a dictar un veredicto de lo que se va hacer, mata la creatividad ya que lo orientas lo que quieres que hagas, desde ahí, el estudiantes esta esquematizado, mientras que si lo dejas pensar y lo guías que es muy diferentes a que le ordenes, la creatividad es interesante en todos los aspectos de la vida, esta nos puede ayudar a crear situaciones para emprender en las tareas como estudiantes.

Cuando nos enfocamos en los errores cometidos por los estudiantes y comunidad educativa el abordaje se hace de forma positiva para buscarle las soluciones apropiadas porque en la realidad los errores nos traen grandes lecciones algunos dicen que de los errores se aprender pero en realidad no se aprende de los errores se aprenden de las correcciones y reflexiones que podamos realizar al gestionar la superación de los errores esto nos fortalecerá cada día y se volverá una dinámica muy valiosa en el proceso de gestión de los aprendizaje.

La introducción de la expresión artística en la vida del niño, niña y joven es inevitable, esto es ver los talentos que posee cada estudiante, unos podrán bailar, cantar, declamar, exponer, dibujar, practicar deportes, escritores, constructores, amantes del campo agronómico es decir darles el espacio apropiado para que se vallan identificando con lo que les gusta y motiva hacer esto ayudará a aumentar la creatividad porque si nos gusta hacer algo sentimos fácil poderlo hacer bien.

Seleccionar materiales que fomenten la imaginación y la fantasía en las clases, cada contenido puede llevar el enfoque de creatividad es decir un plus que capte la atención de los aprendientes, no darles el guion de lo van a pensar si no facilitarles el espacio para que expresen sus visiones de la temática que van abordar por ejemplo en una exposición, en un dibujo, en un debate, en una conversación, en una oratoria o cualquier estrategia o técnica e instrumento implementado.

La promoción de la experimentación desde las ciencias facilita los aprendizajes motivacionales cuando ven el resultado de sus pequeños trabajos investigativos y realizan las conclusiones de cada caso relacionado al proceso del experimento además de esto se puede implementar un texto paralelo en donde se va narrando el paso a paso de la experimentación esto facilita a la apropiación de los aprendizajes de forma exitosa formando grandes habilidades en los aprendientes que desempeñaran como futuro profesional con calidad y pertinencia además si a estos experimentos le agregamos una actividad de intercambio de experiencia con los demás grupos del mismo nivel de estudio.

La creación de espacios lúdicos estimula los aprendizajes enfocados un ser, motivado con actitudes positiva en todo momento y se vuelve un verdadero entusiasta, cuando he implementado estrategias lúdicas a través del juego he visto las manifestaciones congruentes en los estudiantes y su alegría es evidente aumentando las buenas relaciones entre estudiantes y entre estudiantes y docente esto resulta como una buena mezcla que fortalece la implementación o desarrollo de los contenidos, mientras que cuando he abordado los contenidos sin aplicar ninguna actividad lúdica es cansado hasta para el mismo facilitador, el estudiante se vuelve agotado comienza a bostezar después de varios minutos y pierde el nivel de atención continua a las explicaciones expresadas por el docente.

Los resultados con esta metodología sin motivación son inviables y no es oportuna por lo tanto es recomendable hacer grandes esfuerzos de motivar a los estudiantes antes, durante y después de abordar los contenidos manteniendo el nivel de participación en los aprendientes, que la palabra, no se monopolicen solo en el docente o en algunos pocos estudiantes aquí todos deben de estar involucrados para alcanzar grandes metas colectivas.

Educación financiera constante.

Es viable que nuestros sistemas educativos tenga una educación financiera continua desde las niveles de educación inicial evitar los aprendizajes para el consumo que los determina la publicidad mercantil la focalización debe centrar en minimizar los costos y gastos y maximizar los ahorros e inversiones y por ende las utilidades, considerando los ingresos, gastos, inversión y ahorro dentro del manejo y gestión de los activo lógicamente estos aprendizajes deben de implementarse de forma sencilla y la complejidad puede ir avanzando de acuerdo al avance de los niveles académicos estos transformará a la sociedad estudiantil.

Uno de los pilares fundamentales de la educación financiera es que los jóvenes aprenderán a gestionar de forma eficaz los recursos económicos que posee y también este influenciará hacia el buen uso de los recursos económicos de la familia esto no es de un día para el otro esto es un proceso continuo que tarda años para cambiar los patrones culturales del consumismo y ansiedad de gastar sin tener una necesidad que satisfacer.

El otro pilar indispensable es entender cómo funciona la demanda y oferta y el sistema monetario esto conlleva a comprender los niveles de inflación y devaluación, elementos vitales en la economía del país, por ejemplo, iniciando con la oferta que es lo que ofrezco o que me ofrecen, en el caso de la demanda, que es lo que necesito para satisfacer una necesidad en el centro escolar, familia o comunidad. Entonces la oferta se realizará a lo que demande el consumidor con el fin de satisfacerlo para tenerlo siempre como cliente.

Al tener estos conocimientos financieros nos facilitará a tomar las mejores decisiones personales, familiares y sociales dentro de un contexto y modelo de crecimiento económico Evitando algunas manipulaciones que pueden darse por carencia de algunos conocimientos básicos relacionado con la economía y la gestión de algunos bienes que podamos manejar en familia.

Es muy positivo hacer uso de las herramientas tecnológicas para la exitosa gestión financiara y alcanzar la estabilidad económica evitando un alto nivel de endeudamiento desde la juventud, manejar los pocos recursos económicos proporcionados por los padres y madres, sobre todo comprender que estos fondos obtenidos por vuestros padres es producto de su esfuerzo por lo cual es de vital importancia darle buen uso.

Educación emocional.

La educación emocional se ve como algo nuevo en nuestro sistema educativo pero la verdad se ha venido abordando desde hace mucho tiempo las emociones de todos ser humano es de gran interés social ya que esto puede cambiar la conducta o comportamiento de las personas el manejo de la ansiedad y el estrés personal por diversas situaciones que podrían ser las metodologías de estudio, el trabajo, falta de relacionarse con las demás personas, el aislarse la soledad y el cansancio.

Para lo cual es vital mencionar algunos aspectos de gran interés para gestionar las emociones entre las cuales le puedo señalar las siguientes: una de ellas es conocer las emociones esto es como conocerte a ti mismo que circunstancia te están afectando y expresárselas a las personas que amas y tienes confianzas para que te puedan ayudar si te quedas frustrada o frustrado difícil que puedes mejorar esa situación porque en realidad todas las personas pasamos por dificultades de esta índole lo importante aquí es como salir de estas dificultades posterior a esto la persona saldrá fortalecida.

Una vez conoces tus emociones el otro componente que considero muy válido en cada situación es cómo manejar las emociones y en esto forma parte el autocontrol y la autoestima, es decir ¿Cómo enfrentar las emociones negativas? Aprender esto es algo complejo, pero se puede logar a través del aumento de las buenas compañías, el tratamiento con un profesional de la materia, recibir consejos de personas que tengan la experiencia en el manejo de las emociones, cada paso en el manejo de las emociones va acumulando poco a poco un nivel de experiencia la esencia de esto es sobrevivir de forma correcta y salir exitoso de cada evento que ocurre en nuestro ser.

Al conocer las emociones y manejarlas, el tercer parte es motivarse a sí mismo la motivación es el elemento indispensable para toda persona, motivarse en todas las actividades que realicemos: el estudio, el trabajo, el deporte, las reuniones y en la sociedad en general la motivación te hace ser más productivo y ¿cómo puedes motivarte? Una de las formas sencillas de motivarte es hacer siempre lo que te guste en toda tu motivación siempre estará en un buen nivel.

Cuando realizas siempre lo que te gusta tendrás éxito por ejemplo en el estudio estudiar siempre lo que te gusta es vocación por lo cual el interés hacia ese estudio te lleva a tener excelentes resultados académicos , en el trabajo recordemos esto se deriva de lo que estudie si eres profesional indica que si estudiaste lo que más te interesó disfrutarás tu labor al servicio de la sociedad, ya que todo trabajo tiene un nivel de servicio social, si no es un trabajo profesional que dependió de un estudio universitario, se le denomina un oficio empírico como los albañiles, agricultores que quizás no estudiaron para hacer esta labor pero a ellos les mueve la motivación para realizar estas actividades que son de gran importancia para toda la sociedad.

Reconocer las emociones de los demás

Que valioso es reconocer las emociones de las demás personas esto nos hará saber cómo pueden actuar o cual va hacer su acción o reacción en cada proceso que estén pasando, Un anciano al que llamaré Francisco de la Torre tenía dos nietos con diversos comportamientos uno de ellos era hiperactivo el otro era más calmado en su forma de actuar. El nombre del niño hiperactivo era Julián; mientras que el nombre del niño calmado era Octavio estos dos niños tenían comportamientos opuestos.

Don francisco de la Torre expresa que el niño Julián es uno de los nietos que le ha sacado las canas poco a poco por nivel de preocupación que muestra el anciano estando pendiente de cada uno de los niños, pero del que siempre le ponen quejas por su comportamiento es de Julián decía el señor Francisco que Julián es el más insoportable al cual se da un tratamiento más especial para mejorar estos niveles de comportamientos y influencie de forma negativa al nuño más calmado a través del establecimiento de buenas relaciones y brindándole confianza para que pueda expresar lo siente que lo hace comportarse de esa forma.

Educación vocacional en la familia escuela y sociedad.

La vocación es medular en los procesos de formación profesional que tiene que ver con la convicción del ser y lo que más le gusta hacer en esto radica una de las decisiones cruciales que debe tomar todo joven al finalizar su bachillerato es indispensable el asesoramiento de su familia y personas conocedoras del tema en esto hay que tener mucho cuidado y evitar la imposición al joven acerca de lo que va a estudiar es decir que sus padres tomen la decisión de lo que va a estudiar esto lo afectará y podría convertir en el futuro en un profesional frustrado lo cual se debe de descartar a toda costa.

En esto interviene varios actores tales como la familia, la escuela y sociedad, pero al final la decisión la debe tomar el joven con la asesoría de los elementos señalados anteriormente, recuerdo para obtener un profesional de la docencia bien fortalecido con el componente vocacional obteniendo buenos resultados en su labor social en su área, el cumplimiento de estos parámetros indican una transformación educativa, es lamentable a veces cuando no se estudia con vocación solo se estudia según la condición o momento que este transcurriendo de ahí se desprende la siguiente interrogante que se le pude hacer a todos los estudiante ¿tú por qué estudias por condición o por vocación? La respuesta a esta pregunta es clave para determinar el nivel vocacional del individuo.

La vocación es de gran interés para el buen desempeño del profesional obteniendo mayor productividad y rendimiento fortaleciendo el desarrollo de la institucional o personal, la vocación de todo joven está ligada a sus sueños de vida es decir ¿el qué quiero ser? Como visualiza el futuro ¿cuáles son tus metas y retos? que rigen tu entorno no hay ninguna duda que la reflexión vocacional es un proceso crucial para tomar la decisión que va a marcar tu vida para este proceso se necesita más tiempo que una simple reunión o acción.

Los componentes que integran a la vocación son el gusto esto se refiere a que es lo que te gusta más realizar o las actividades que suele ser lo fuerte lo que le brinda más amor y certeza nadie debe hacer algo que no le gusta y si lo hace lo está realizando en contra de su voluntad esto suele suceder cuando haces una labor por alguna necesidad, aunque no te guste lo que estás haciendo esto suele ser muy incómodo, pero está condicionado por la necesidad.

Otro elemento de juega un papel de gran interés en la vocación de los individuos es las habilidades individuales como la comunicación, la inteligencia emocional, la adaptabilidad, resolución de problemas, liderazgo, trabajo en equipos y gestión del tiempo.

La comunicación es lo más valioso en todo ser humano para alcanzar el éxito en toda sociedad y en cualquier país del mundo, sabernos comunicar nos abre grandes brechas y salimos siempre adelante, cuando uno tiene problemas para comunicarnos trae atrasos en la solución de situaciones que se nos presentan y nos podemos meter a una serie de problemas porque no sabemos expresar el mensaje que sentimos, pero no lo hacemos de forma correcta y expresiva.

Los talentos de cada persona es otro elemento indispensable para desarrollar el interés vocacional de estudiar una carrera o aprender determinado contenido o actividad en la vida cotidiana de forma autodidacta o en cualquier centro de estudio, los talentos son como dones que Dios nos ha dado los cuales debemos saber utilizarlo en el desarrollo de nuestras vidas, cada ser humano tiene su propio talento lo importante es descubrirlo para ponerlo en práctica y servirle a la sociedad por ejemplo hablar en público es una habilidad lo cual indica que somos talentosos en la oratoria y el dominio escénico.

En este componente la familia y la sociedad es trascendental esto pueden darle vida a un talento de cualquier individuo o pueden frustrar los talentos matando la creatividad desmotivando al niño, joven o adulto quizás por algunos errores cometidos esto es lamentable porque la sociedad visualiza más los errores que podamos cometer que los aciertos que hagamos en nuestro desempeño diario, pero en esto entra en juego la autoestima que pueda tener cada persona si la autoestima esta alta difícilmente te van a frustrar y no habrá problema en ir aprendiendo y mejorando el talento que puedas tener, en cambio si tienes un autoestima baja te frustrarás con facilidad y mataran tu creatividad causando daños a tu personalidad.

Los talentos deben cultivarse de la mejor manera y ponerlos en práctica al servicio del pueblo en lo mejor que sabemos hacer y cada día hacer lo mejor, porque la verdad todos necesitamos algo que mejorar en esto lo importante es nuestra actitud y voluntad que tengamos por aprender cada día y salir adelante superando todos los desafíos porque la vida misma es un desafío.

Brecha del segundo idioma.

El aprendizaje de un segundo idioma es de gran importancia porque proporciona grandes ventajas en el desarrollo de la vida social, y la cultura el mundo está conectado gracias a la tecnología y suele usarse otros idiomas distintos al idioma materno esto nos permite tener un plus como personas o profesionales, aumentando los niveles de comunicación con el exterior y el entorno en un segundo idioma sea este inglés, chino, francés, italiano entre otros aprender una segunda lengua contribuye a tu personalidad profesional y cumplir este reto aumenta el autoestima y tu nivel sociocultural.

Por lo general los estudiantes expresan que lo que más les interesa aprender por ejemplo en el caso del idioma inglés es la parte comunicativa de acuerdo a los niveles, aunque los otros aspectos son importantes la comunicación para los estudiantes es lo que más les entusiasma es decir el inglés comunicativo y dejar en segundo plano la parte gramatical, conjugaciones que se enseñan en las universidades los aprendientes expresan que lo que ellos necesitan es la parte comunicativa, en mi caso coincido con ese dilema es más medular el inglés comunicativo sin quitarle importancia a los otros componentes para la mayoría de los estudiantes y profesionales es un desafío pendiente.

La actitud y las motivaciones hacia el aprendizaje de un nuevo idioma juega un papel preponderante, porque si no estas motivados a aprender otro idioma difícilmente se va alcanzar esa meta personal entonces esto puede frustrar al individuo por las limitantes que conllevan a esta dificultad o carencia de otro idioma recordemos que el dominio de otro idioma nos ayuda a comunicarnos con las demás personas de otros países y conocer su cultura y podemos con facilidad buscar nuevos horizonte sin tener ese obstáculo comunicativo.

Aprender un nuevo idioma nos abre puertas de intercambio cultural, si eres estudiantes tienes más oportunidades para gestionar con mayor perspectiva e iniciativa una beca de estudio fuera del país las opciones son más favorables al tener dominio de otro idioma permitiendo el intercambio cultural y profundizando a los patrones culturales de otro país compartiendo con efectividad las experiencias del país natal con las personas de otro país.

Made in the USA
Middletown, DE
18 November 2024